学習者端末　活用事例付

理科教科書のわかる教え方

5・6年

小森栄治〈監修〉
上木朋子〈編著〉

学芸みらい社
GAKUGEI MIRAISHA

刊行のことば

2000年にアメリカの理科教育カリキュラムSEPUP（Science Education for Public Understanding Program）の研修会に参加した際、教科書の分厚さ、内容の豊富さに圧倒された。アメリカの小学校理科教科書には、DNAや同位体など日本の中学校レベルの記載があるほか、単元末に「Careers in Science」という職業紹介のページがあり、とても充実していた。当時日本では1998年版の学習指導要領により、理科は授業時数、内容ともに削減されていたので、たいへん悔しい思いをした。

ただ、その厚い教科書には、読んで理解させるような説明や考えさせる問いはあるが、観察・実験はほとんどなかった。

その後もSEPUPのカリキュラム開発者と交流が続いており、最近はオンラインでアメリカの次世代科学スタンダードNGSS（Next Generation Science Standards）や日本の学習指導要領改訂について情報交換している。その際、日本の教科書はアメリカに比べて薄いけれど、児童の観察・実験がたくさんあり、自分たちで発見しながら学習していけるようになっていることを紹介した。すると、「NGSSが目指しているものであり、すばらしい！」という反応があった。

日本は教科書は薄くても、従来から観察・実験を重視し、児童が問題を解決していく理科教育であった。日本の教師は、「教科書を教える」のではなく、「教科書で教える」技量があるのだ。教科書の厚さだけでアメリカの理科教育に圧倒されることはないのだと認識した。

2017年の指導要領改訂では、従来に増して探究が重視され、教科書は、

①問題を見つける　②予想する　③計画する

④調べる　⑤記録する　⑥考える

⑦まとめる　⑧生かす

のような流れでできている。教科書が探究の過程にそって構成され、児童が問題を見いだし、主体的に観察・実験を行うようになっている。

一方で、日本では高校で文系・理系のコース分けがある。小学校の教師を目指す学生が、高校で文系だったということが多い。また、大学入試対策を優先しているような高校教育を受けた学生は、観察・実験をほとんど体験していなかったり、探究的な理科授業を受けたことがなかったりする。

そのため、大学で授業をしていると、理科の観察・実験に苦手意識をもっている学生、探究的な理科授業やICT活用に不安を感じている学生と出会うことが多い。

ここ数年の教育環境の変化は、明治以来の「黒板とチョーク」の授業からの大変革といえる大きなものだ。本書を手にした読者の中にも、学生同様の不安を感じたり、急速に普及した学習者端末の活用に戸惑ったりした方もいるかもしれない。

本書の執筆者も最初はそのような戸惑いを感じながらも、新しい教科書と学習者端末を活用した探究重視の理科授業を目指し、試行錯誤したり、学びあったりしている。その実践を集約したのが本書である。

これからは、「教科書で教える」授業から、「教科書と学習者端末を活用する」授業が求められる。

デジタル教科書や理科専科の導入など、今後も変化が大きい。本書を参考に、読者のみなさんがさらに工夫をして、児童が熱中して探究する授業、理科の楽しさ、有用性を実感できる授業を実現していただけることを願っている。

向山・小森型理科研究会　代表

小森栄治

まえがき

一人一台端末の導入が進み、学習者端末を使った授業実践が蓄積されつつある。「まずは使ってみよう」と率先して実践を行っている教師や、組織的に取り組んで報告する学校、それらを参考に「苦手だけれどがんばろう」と取り組む教師の姿が見られる。

向山・小森型理科研究会では、サークルで授業を検討したり、機関誌で実践を発表したり、セミナーを開いて学び合ったりしてきた。全国の仲間と共に積み上げてきたこれらの実践を、本にまとめることとなった。

一人一台端末を使った授業に関して、過渡期である今、積極的に学習者端末を活用し、仲間と検討することで得たノウハウが役に立てばと願っている。

編集にあたって、「教科書のわかる教え方」をベースとした「学習者端末活用の新学力づくり」を提案できる本となるようにした。

単に、「授業で学習者端末を使った実践をする」という段階から一歩踏み込んで、「学習者端末活用の新学力づくり」について提案したいと考えている。

学習指導要領の理科の目標に、「自然に親しみ、理科の見方・考え方を働かせ、見通しをもって観察、実験を行うことなどを通して、自然の事物・現象についての問題を科学的に解決するために必要な資質・能力を育成することを目指す」とある。直接体験を大切にすること、「理科の見方・考え方」を児童が働かせるような活動を行うことを意識した。

また、読んで追試できるよう、本書は以下の特徴を備えている。

①オールカラーで見やすい。

②写真やイラストが多く、観察や実験の様子がわかりやすい。

③タイトル欄で単元名や実践の趣旨がわかる。

④発問・指示が枠囲みで示されていて追試しやすい。

⑤児童の反応やノート例で授業の様子がイメージできる。

向山・小森型理科研究会のモットーは「理科は感動だ！」である。子どもたちが「理科が楽しい」「理科の学習がわかる」と実感する授業づくりに、本書が役立つことを願っている。

上木朋子

目　次

4 動物の誕生

5 流れる水の働きと土地の変化

6 天気の変化

6年

---

1 燃焼の仕組み

2 水溶液の性質

3 てこの規則性

4 電気の利用

5 植物の養分と水の通り道

6 生物と環境

7 土地のつくりと変化

8 月と太陽

主体的な探究活動に“失敗”は存在しない

～教科書どおりの実験結果でないときこそチャンス！～

❶ 教科書が変わっても、機器が導入されても授業を変えるのは教師

平成28年（2016年）12月の中央教育審議会答申の151ページ「教育内容の改善・充実」には、次のようにある。（色づけは、筆者）

「STEM教育においては、問題解決型の学習やプロジェクト型の学習が重視されており、我が国における探究的な学習の重視と方向性を同じくするものである。探究的な学習は教育課程全体を通じて充実を図るべきものであるが、**観察・実験等を重視して学習を行う教科である理科がその中核となって探究的な学習の充実を図っていくことが重要である。**」

従来から観察・実験を重視してきた日本の理科教育こそ、探究的な学習の中核なのだ。

今回の学習指導要領改訂では、今まで以上に探究の過程が重視され、教科書も探究の過程に基づいた構成になっている。さらに、新型コロナウィルス感染症の影響で学習者端末が計画を前倒しして一気に導入された。

このように、教科書が改善され、ICT環境が充実しても、教師が変わらないと授業は変わらない。教科書に書いてあることを効率よく教えるというような、知識の伝達中心の授業ではなく、児童自身が疑問をもち、主体的に探究して共通点や差異点、法則性などを発見していくような授業にしなくてはならない。探究的な学習を通じて、児童が内容だけでなく科学の方法を習得

していくような授業を目指したい。

ただ、「問題を見つけなさい」「探究しなさい」と言われても、児童がその気にならなければ、やらされた探究活動となってしまう。探究の原動力となるのは、自然界の不思議な現象や予想外の事象との出会いによって起こる、「なんで？」「すごい！」「きれい！」などの驚きや感動だ。そのような場面や発問からスタートして探究活動へつなげていくようにしたい。

❷ 観察・実験の結果が教科書どおりにならなかったときこそチャンス

観察・実験を行っても教科書どおりの結果にならないことがある。児童が「失敗だった」とすぐに正解を求めてしまったり、教師が「本当は教科書にあるように……」と観察・実験の結果を再考せずに授業をすすめたりすることがある。

私は中学教師時代、教科書や予想どおりの結果にならないときこそ、探究、考察のチャンスと思って授業を展開した。例をあげる。

葉の呼吸を確かめる実験

植物の呼吸を確かめるために、ポリ袋に葉を入れて暗いところに置いておき、石灰水で二酸化炭素の発生を確かめる実験がある。葉が呼吸をしていれば石灰水が白く濁るはずだが、濁る班と変化しない班があった。

予想どおりの結果だけで進めてしまうのではなく、「石灰水が白く濁らない班があったけど、原因は何だろう？」と問う。

生徒は通常、教師や教科書の正解を求めるが、この問いの正解はどこにもない。いろいろな原因が考えられる。それらを洗い出し、検討、改善して再度実験して確かめるのが探究活動となる。

生徒からいろいろな考えが出た。「葉が少なかった」「袋から空気が漏れた」などのほかに、「石灰水と思って使った液が水道水だった」という考えも出た。塾で先に予習している生徒もそうでない生徒も関係なく、思考力をフル稼働させていた。

もうひとつ、未知の気体を探究する授業の際の指導を紹介する。気体が何であるか予想し、それに適した方法で確認する。しかし、予想どおりの結果が出ないことがある。

そのとき、予想がはずれたというのではなく、「気体は○○ではないことがわかった」と考察するように指導した。教科書どおりの実験を行うと、いつも「○○である」という考察になる。しかし、主体的な探究活動では、「○○ではない」ということがわかる場合が出てくる。失敗ではない。

科学者の実験でも、予想どおりにいかなかった実験、失敗したような実験から思わぬ結果が出て、ノーベル賞級の発見につながった例がいくつもある。

「失敗」と片づけずに、目の前で起こった事実を大切にするよう児童に伝えていきたい。

・集めた気体に、石灰水を入れ、振ってみる。

・結果
気体Xに、石灰水を入れても、何の変化もない。

・考察
白くにごらなかったから、これは二酸化炭素ではない。

中学生の実験レポートの一部

❸ ICTやデジタル教材の活用

文部科学省『教育の情報化に関する手引-追補版-（2020年６月）』89ページに「小学校理科の学習は、直接体験が基本であるが、指導内容に応じて、ICTを適切に活用することによって学習の一層の充実を図ることができる」とあり、ICTの効果的な活用例が示されている。抜粋して紹介する。

https://www.mext.go.jp/a_menu/shotou/zyouhou/detail/mext_00117.html

①自然の事物・現象から問題を見いだす場面

ICTを活用して、着目するポイントを明確にすることにより、差異点や共

通点を明らかにすることができる。

②観察、実験などを行う場面

情報通信ネットワークなどを用いて情報収集を行うことも必要となる。

③結果を整理し、その結果を基に結論を導きだす場面

ICTを活用して実験の様子を写真や動画で記録し、グループで繰り返し確認することで、結果を基にした考察ができる。

同152ページからの「第４節　特別支援教育におけるICTの活用」にも参考になる事例が紹介されているので目を通しておきたい。

理科実験器具も便利な新しいタイプのものが出てきている。上皿てんびんが電子てんびんになって重さの測定がとても簡単になったように、器具を新しいタイプのものに更新するメリットは大きい。操作の習得にかける時間を省略できるうえに、児童が操作に迷ったりしないため測定が早くなり実験がスムーズにすすむ。また、器具の操作が得意な児童にまかせて、見ているだけとなる児童をなくすことができる。

６年生の燃焼や呼吸の実験で行う酸素濃度の測定では、ガラスの検知管をカットしたり、ポンプを引いたりする操作がたいへんである。デジタル式の酸素モニターなら、スイッチを入れるだけで簡単に測定できる。時間とともに酸素濃度が変化する様子もわかる。消耗品代が格安になるというメリットもある。

学習者端末にワイヤレスでつないで測定できるセンサーもある。図は、Go Directシリーズの二酸化炭素センサーと酸素センサーを使い、光合成で濃度が変わる様子を測定した例である。セットすればリアルタイムでグラフが表示されるので、途中で光をさえぎったらどうなるか、などを試すとグラフが変化するのがわかる。

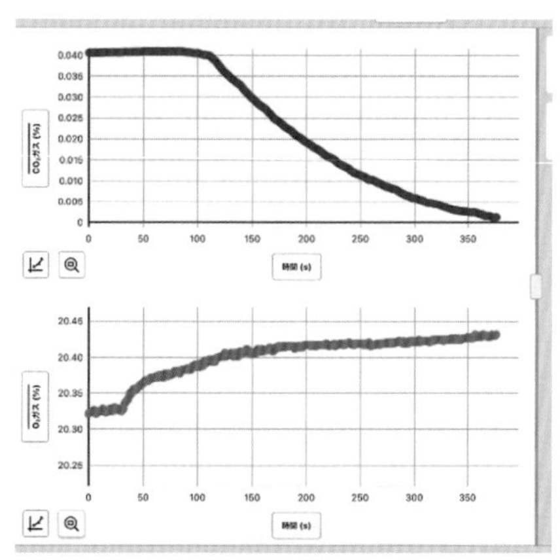

上：二酸化炭素濃度
下：酸素濃度

web上にはNHK for Schoolをはじめ、たくさんの使いやすいデジタル教材がある。児童は家に帰ってからも学習者端末でそのようなweb教材を使える状況になっている。授業で児童の興味・関心を高めれば、教科書を超えた発展的な内容まで自分の力で学べる。教師に質問しなくても、検索して自分で調べられるが、その際には、情報活用リテラシーが必要になる。総合的な学習の時間に、検索して出てきた情報を丸呑みしないこと、どこが発信している情報か確かめることなどを指導しておきたい。

❹ デジタル教科書で観察・実験を代替しない

観察・実験を行わなくてもデジタル教科書を使えば、さなぎからチョウが羽化して飛び立つ様子や水中の微小な生き物の様子などを簡単に見ることができる。学校ではできない観察・実験を見ることもできる。たいへん便利だが、注意すべき点がある。

2010年に情報処理学会など理数系教育に関わる８学会が、文部科学省に「『デジタル教科書』推進に際してのチェックリストの提案と要望」を提出している。

リストから２項目抜粋して紹介する。そのほか、詳しくは情報処理学会のサイトをご覧いただきたい。

https://www.ipsj.or.jp/03somu/teigen/digital_demand.html

事項１：**「デジタル教科書」の導入が、手を動かして実験や観察を行う時間の縮減につながらないこと。**

事項２：**「デジタル教科書」において、虚構の映像を視聴させることのみで科学的事項の学習とすることがないこと。**

アオムシが動く様子をいくら動画で見ても、手で触ったときの感触や飼育容器の臭いなどは伝わってこない。教師と児童が育てたり準備したりして行う観察や実験は、感動も大きい。

担任といっしょに昆虫や植物を育てたり観察したりするという、日常の理科的な体験や観察の意義は大きい。理科専科の有無にかかわらず、小学校の

先生は理科に関心をもっていただきたい。

何より教師自身が楽しそうに理科授業をすることが大切だ。教師が楽しそうに授業していると、児童も授業が楽しくなり、その教科が好きになる。「理科は感動だ」を合い言葉に、児童とともに理科授業を楽しんでいこう。

❺ 問いを工夫しよう　～入試問題も変わっている～

一問一答式の単語で答える問い、覚えていることを再現する問いでなく、考えて文で説明するような問いを工夫しよう。次は私がセミナー等で紹介している問いだ。小学生だけでなく中学生にも通用する。

植物の光合成と人間との関係を３つあげて説明しなさい。

光合成とは何かと問えば、覚えていた文で答えられる。しかし、このように問うと学習したことの関係性を考えなければならない。バラバラだった知識がつながっていく。答えは3つ以上ある。

・光合成で出た酸素を呼吸で使っている。

・光合成で育ったお米や野菜を食べている。

・光合成で育った木を切って、紙にしたり家を建てたりして、使っている。

・光合成で育った綿の服を着ている。

※そのほか、ウールやナイロン、さらに電気も光合成と関連している。

豆電球がつかない原因は？

図のような回路を作りましたが、豆電球がつきません。考えられる原因と、どのようなことをしてどんな結果が出ればその原因が正しいとわかりますか。

これも答えは何通りもある。たとえば、

・豆電球が切れている。新しい豆電球と取り替えてつけば、そうだとわかる。

・乾電池が古くなっている。新しい乾電池と取り替えてつけば、そうだとわかる。

・豆電球が緩んでいる。しっかりとはめてつけば、そうだとわかる。

これは授業中の実験でよく起こるトラブルである。そのようなとき、すぐに教師に「つきません」と助けを求めるのではなく、自分たちで原因と対処法を考えるような習慣をつけるようにしたい。

文部科学省の全国学力調査問題や大学入学共通テストは記号式だが、覚えている知識を直接問うのではなく、日常生活の場面から考えさせたり、データを示して考えさせたりするような問題が出ている。

ブランコの周期を短くする方法は？

大学入試共通テスト・平成29年度試行調査の物理の大問２の１問目である。ブランコの周期をより短くする方法として適当なものを選ぶという身近な事例を扱った問題だ。選択肢は次の５つである。

1　ブランコに座って乗っていた場合、板の上に立って乗る。

2　ブランコに立って乗っていた場合、座って乗る。

3　ブランコのひもを短くする。

4　ブランコのひもを長くする。

5　ブランコの板をより重いものに交換する。

ふりこの授業でふりこの長さを糸の長さではなく、支点からおもりの中心（重心）までの長さと正しく理解して実験していれば解ける問題である。

ふりこの周期を端で計るのと中心で計るのではどちらが正確か？

上記に続く問題である。次のような状況設定だ。

花子：小学校のときには振動の端を目印に、つまり、おもりの動きが向きを変える瞬間にストップウォッチを押していたね。

太郎：他の位置、たとえば中心でも、目印をしておけばきちんと測定できると思う。

花子：端と中心ではどちらがより正確なのかしら。実験をして調べてみましょう。

実験結果が表になって示されている。そこから、どちらの測定方法がより正確か判断するという問いである。平均値はほとんど同じだが、バラツキが小さい方を選べばよい。小学生でも答えられる。

ふりこの周期は振れ幅と関係ないのか？

上記テストにはさらに、次のような問いがある。

２人は、振れはじめの角度だけを様々に変更した同様の実験を行い、確かめることにした。表２はその結果である。

表２　実験結果(平均値)

振れはじめの角度	周期〔s〕
10°	1.43
45°	1.50
70°	1.56

この表の結果に基づく考察として合理的なものを選ぶようになっている。（複数選んでもよい）

これも覚えていた知識で答えるのではなく、実験結果から考察すればよい。次が正解の１つである。

・実験の間、糸の長さが変化しなかったとみなしてよい場合、「振り子の周期は、振れ幅が大きいほど長い」という仮説を立てることができる。

小学校の教科書にあることを暗記していて答えると、下の誤答（前半を省略）を選んでしまいかねない。

・振れ幅によって周期が変化する結果が得られたということは測定か数値の処理に誤りがある。

教科書に書いてあることを覚えるのが理科の勉強ではないというメッセージを感じる良問である。

大学入学共通テスト
https://www.dnc.ac.jp/kyotsu/daigakunyugakukibousyagakuryokuhyoka/pre-test_h29_01.html　物理の第２問

❻ STEMとは？　～日常生活や社会との関連を扱おう～

STEM教育がいわれるようになり、教科横断的な扱いや日常生活や社会との関連づけが今まで以上に求められている。

STEMは、Science（科学）、Technology（技術）、Engineering（工学）、Mathematics（数学）の略と説明されているが、科学と技術、工学の違いは何だろうか？

私は工学部の学生時代にある授業で聞いた**「科学は真理の追究」「工学は**

価値の創造」という言葉が今も頭に残っている。

「刊行のことば」でふれたアメリカの小学６年生用教科書には、「What is technology?」や「How does technology relate to science?」とあり、次のような説明がある。（一部を抜粋、太字は筆者）

Technology is the use of tools, machines, materials, and processes to meet human needs.

Science is the study of natural world.

Engineering is the application of science and mathematics to solve real-life problems.

次のような例をあげるとわかる。生物学の応用が遺伝子工学。遺伝子工学の成果として確立した手法が、遺伝子組換え技術だ。

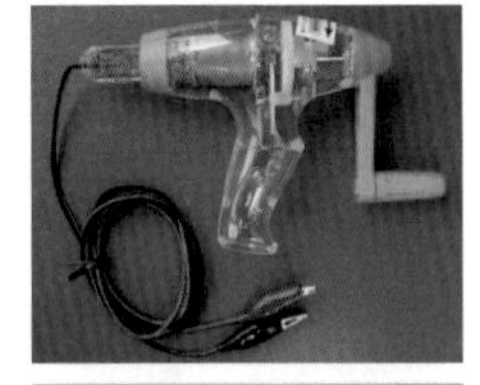

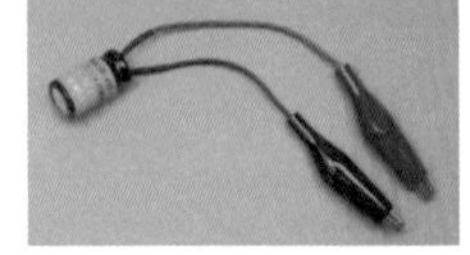

６年生の「電気の利用」では、手回し発電機とコンデンサーを使って実験を行い、「電気は、つくりだしたり蓄えたりすることができること」を学ぶ。これは科学だ。それを応用してできた技術の成果がハイブリッド自動車である。

私は手回し発電機のハンドルを車のタイヤにして回す人をエンジン係、コンデンサーを車の蓄電池にして手回し発電機とコンデンサーをつないだり外したりする人を制御係とし、２人組でハイブリッド自動車の原理を体感できる実験を行っている。

	エンジン係	制　御　係	車の状態
1	ハンドルを回す	コンデンサーは外しておく	エンジンで走る
2	ハンドルを回す	コンデンサーをつなぐ	ブレーキがかかる
3	ハンドルから手を離す	コンデンサーを外す	アイドリングストップ
4	ハンドルから手を離す	コンデンサーをつなぐ	モーターで走る

蓄電するときにはハンドルが重くなりブレーキがかかる。ハンドルを回すのをやめて、コンデンサーを外した状態がアイドリングストップ。コンデンサーをつなぐとハンドルが回り始める。エンジンではなくモーターで車が発進する場面だ。

この実験を行うと、ハイブリッド自動車がなぜエコなのかを理解できる。大学生もこの実験を楽しんで行い、「小学校のときは手回し発電機を回して豆電球をつけたりするだけだったが、ハイブリッド自動車の原理が初めてわかった」という。

この原理を、さらにどんなところに活用できるか学級で考えさせると、いろいろな発想が出てきて創造力を育むことができる。

なお、このようなモーターを発電機として利用するブレーキを回生ブレーキという。電車は、この回生ブレーキで発電した電気を架線（電車の上の電線）に戻し、近くを走る電車が使っている。

電流の向きの変化を電車内で確かめることができる。電車のパンタグラフの下に乗り、方位磁針（スマートフォンのコンパスでもよい）で確かめてみてほしい。授業で紹介すれば、追試する児童が出てくるはずだ。なお、新幹線では方位磁針が動かない。理由を考えてみてほしい。電車好きの児童は知っているかもしれない。

国際学力調査などで、「理科を使うことが含まれる職業に就きたいか」という質問に「はい」と答える日本の児童生徒の割合が、諸外国に比べて低いことが問題になっている。理科で勉強していることの応用が日常生活や社会で使われていて、職業とつながっていることを知らないからだ。

日本の理科教科書にも職業との関連を紹介するコラムが掲載されるようになってきている。しかし、テストに出ないからと教師も児童も重視していない傾向がある。

学んだことが将来の自分の仕事と関係してくると感じれば、テストのための勉強ではなくなってくるはずだ。理科と日常生活や社会、職業との関連を意識的に取り上げるようにしたい。

（小森栄治）

① 溶けた物の行方を調べる

予想から問題を見出す過程を丁寧に行うことで、
問題解決に対する目的意識をしっかり持たせる

第１次　物が水に溶けるとき（３時間）本時１～３時間目
第２次　物が水に溶ける量（６時間）
第３次　水に溶けた物を取り出す（３時間）

❶ 導入実験で見出した問題を調べる（１時間目）

⑴ 水に入れた食塩を観察して問題を見出す

導入の実験として、コーヒーフィルターやティーバッグ等に入れた食塩を水に入れて、食塩や水の様子を観察させる。（右写真：TOSSランド「もののとけるようすを調べよう」（関澤陽子）より

https://land.toss-online.com/）

学習者端末を使って動画を撮らせると、繰り返
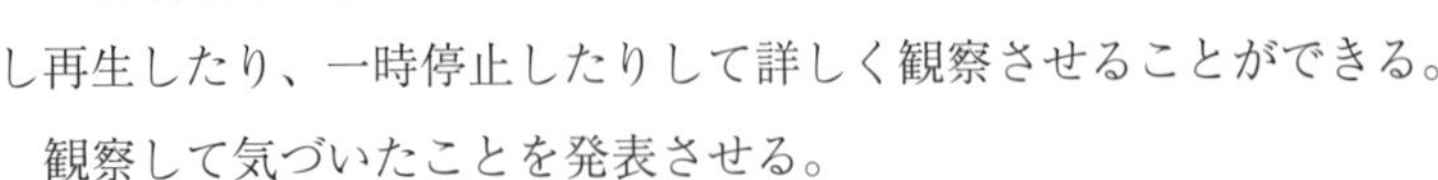
し再生したり、一時停止したりして詳しく観察させることができる。

観察して気づいたことを発表させる。

・食塩から何かゆらゆらと揺れて落ちる透明な物が見えた。
・水の中で食塩はどんどん少なくなっていった。

> 水の中に入れた食塩は、なくなったのでしょうか。それとも残っているのでしょうか。予想とその理由をノートに書きなさい。

・水に溶けてなくなるが、しょっぱさは残っていると思う。
・水の中ではなく、空気中に出ていってしまったと思う。
・見えないくらい小さな粒になって、水の中に残っていると思う。
・海水は食塩の粒が見えないけどしょっぱいから、それと同じように残っていると思う。

⑵ 問題を解決する方法を考えて調べる

水の中に入れた食塩は、なくなったのか残っているのかを確かめるには、どうすればよいかを考えてノートに書きなさい。

今までの学習生活経験から、問題を解決する方法をたくさん発想させる。
・水を蒸発させる。　・重さをはかる。　・顕微鏡で見る。
・しばらく置いておく。　・凍らせる。

それぞれの実験方法について、どの方法がよいのかを検討させる。

例えば、なぜ重さをはかったらよいのかを、児童に詳しく説明させる。

「食塩を溶かす前の水の重さと食塩の重さをはかって、食塩を水に溶かした後の食塩の重さをはかればよいと思う」という説明に対して、「重さをはかると、何がわかりますか」とさらにつっこむ。

「もし、水の中で見えなくなった食塩が残っていなかったら、水の重さは変わらないけれど、見えなくなっただけで食塩が水の中にあるとしたら、水の重さは食塩の分だけ重くなると思う」などと説明させると、実験の内容の理解が学級全体で深まる。

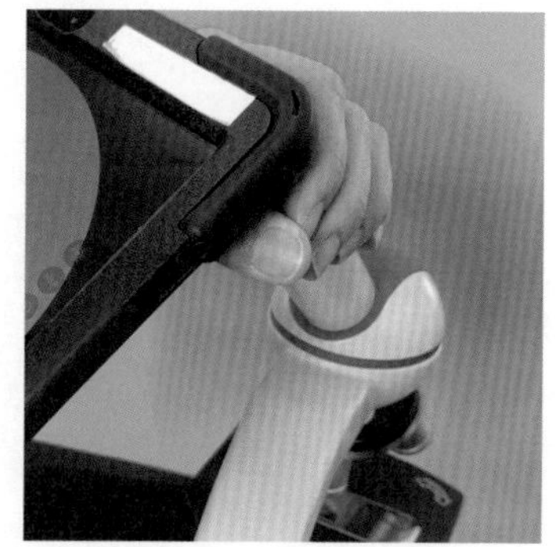

「しばらく置いておく」や「凍らせる」といった方法については、実験で使った食塩水を教室に置いたり冷凍庫に入れたりして後日様子を見ることにする。

「顕微鏡で見る」という意見については、教師が顕微鏡を用意する。

カメラ付きの顕微鏡がない場合は、教師用端末を使って見せる。

前ページの写真は、端末のレンズの部分に、筒状にした指をあてて、高さを調節しながらピントを合わせている様子である。右の写真のようなクリップやアダプターを準備しておくと、簡単に撮影できる。

顕微鏡を使う場合、食塩水だけでなく食塩の結晶も見せると比較できる。

最終的に、「水を蒸発させる」「食塩を水に溶かす前と溶かした後の重さをはかる」の２つの方法について、実験の計画を立てさせる。

❷ 結果の考察から単元のめあてをつかませる

⑴ 水を蒸発させる実験と食塩水の重さを調べる実験（２時間目）

前時の計画に従って実験を行い、結果から次のように考察させる。

・食塩水を蒸発させると、白い粉が残った。このことから、食塩水には目に見えない食塩があると考えられる。

・食塩が水に溶ける前と溶けた後の重さは同じだった。食塩水には食塩の重さが残っているので、食塩はなくなっていないと考えられる。

⑵ 水に溶けるとはどういうことかを調べる（３時間目）

コーヒーシュガーや片栗粉を水に溶かす実験を行う。

左：コーヒーシュガー　右：片栗粉　　10 分後の様子

実験後、気づいたことや思ったことなどを書かせて発表させる。

・コーヒーシュガーは、粒がなくなったけれど水に色がついた。
・片栗粉は、混ぜると水全体が白くなった。
・10分後、コーヒーシュガーは粒が見えなかったけれど、片栗粉はビーカーの底に粒が集まっていた。
・10分後、コーヒーシュガーは全体が薄黄色のままだったけれど、片栗粉は下に白い物がたまって、水が透明になってきていた。

実験の結果や児童の発言を踏まえて、次のように問う。

コーヒーシュガーや食塩は、水に入れると粒が見えなくなります。このように目に見えなくなることを物が水に溶けると言います。

食塩が水に溶ける量は決まっていると思いますか。いくらでも溶けると思いますか。予想と理由を書きなさい。

・いくらでも溶けると思う。溶けて透明になるということは、水に食塩を入れれば入れるほど粒がなくなるということだと思う。
・溶ける量は決まっていると思う。水の中で見えなくなった食塩が入れる場所は限られていると思うから、たくさん入れると溶けずに残ると思う。

これから、物の溶け方にはきまりがあるかを調べます。

どのような条件が考えられますか。

・水の量　・水の温度　・混ぜ方　・入れ物の大きさ

物を溶かすときの様々な条件を考えさせることで、「物の溶け方のきまりを見つける」というめあてを持たせる。

１時間目に、予想や予想した理由をじっくり考えさせ、どうやって調べればよいかを考える活動を丁寧に行うことで、調べることに意欲的な発言が出るようになる。

（家根内興一）

② 条件による物の溶け方の違いを調べさせる

Google スプレッドシートに数値を入れてグラフ化することで、スムーズに考察したり他の班と比較したりすることができる

第１次　「溶ける」の定義を考える（３時間）
第２次　物が水に溶ける現象を定量的に考える（３時間）
第３次　条件を変えると、物が水に溶ける量がどのように変化するか考える（４時間）本時１～３時間目
第４次　水に溶けた物を取り出す（３時間）

❶ 問題をつかむ（１時間目）

⑴ 前時の学習から課題を見つける

50mLの水に食塩やミョウバンを溶かす実験では、水に溶ける物の量には限りがあることがわかりました。

もっとたくさんの食塩やミョウバンを水に溶かすにはどうすればよいかを考えます。調べる方法をできるだけたくさんノートに書きます。

「水を増やす」「水を温める」「さらによくかき混ぜる」「違う入れ物に入れる」など、様々に考えさせる。

出された意見について検討させる。

「前の時間に、しっかりかき混ぜたのに溶けなかったら、もう混ぜてもだめだと思う」「入れ物を変えても、中身は変わらないので同じだと思う」など、話し合わせて、「水の量を増やす」「水の温度を上げる」について調べる

とよいことに気づかせる。

(2) 実験の計画を立てる

「水の量を増やす」「水を温める」という方法について、調べる条件と同じにする条件を整理して実験の方法を考えさせる。

A 水の量を増やす

調べる条件	・水の量　50mL,100mL,150mL
同じにする条件	・水の温度
	・計量スプーンすり切り1ぱいずつ入れてかき混ぜる

B 水の温度を上げる

調べる条件	・水の温度　10℃,30℃,60℃
同じにする条件	・水の量（50mL）
	・計量スプーンすり切り1ぱいずつ入れてかき混ぜる

❷ 物が水に溶ける量の変化を調べる（2・3時間目）

(1) 水の量を変えて調べる

水50mLに食塩やミョウバンを計量スプーンすり切り1杯分ずつ入れていき、何杯溶けるかを調べる。

食塩を溶かしたビーカーとミョウバンを溶かしたビーカーがわからなくなることがあるため、あらかじめ、写真のようにビニルテープに「食塩」「ミョウバン」と書き、ビーカーに貼っておくことで混乱を防ぐことができる。

何杯入れたかがわからなくなることもある。複数の目で見て、記録させる必要がある。さらに、学習者端末で動画を撮影しておくとよい。もしものとき、動画を見返すことで入れた量を確かめることができる。

実験の結果は、学習者端末を使って、Googleスプレッドシートに記入させる。

Googleスプレッドシートを使うと、「リアルタイムで結果が共有でき、他の班と数値を比較することができる」「数値を図や表に変換して、考察させることができる」というよさがある。

あらかじめ表に数値を入れるとグラフ化されるシートを準備する。

1班	50m L	100m L
食塩	7	14
ミョウバン	2	4

グラフにする表の範囲を選択して、「挿入」－「グラフ」を選択すると、グラフが表示される。グラフの挿入直後に表示される「グラフエディタ」（またはグラフ右上のボタンから「グラフを編集」）でグラフの体裁を整えることができる（図は数値を入れた後の画面）。

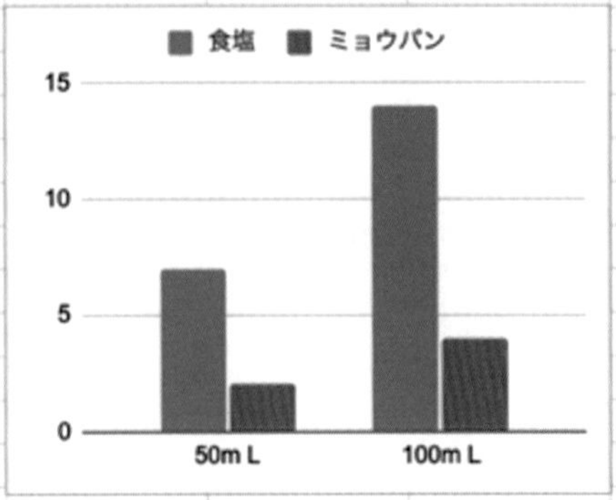

児童に記入させるときには、「５杯」なら、「5」と単位をつけずに半角で入力させる。単位がついていたり、数字を全角で入力したりするとグラフに反映されない点に注意が必要である。

グラフを見て、わかったこと、気づいたこと、思ったことを、できるだけたくさんノートに書きなさい。

・食塩もミョウバンも、水の量を増やすと水に溶ける量も増える。
・ミョウバンよりも食塩の方が溶ける量が多い。
・水の量を２倍にすると、水に溶ける量も２倍くらいになる。

⑵ 温度を変えて調べる

水の温度を上昇させたときに、計量スプーン何杯分溶けるのかを調べる。教科書によって調べる温度に違いがあるが、啓林館の場合10℃、30℃、60℃の３つの温度で実験をする計画になっている。

水の温度は湯煎で調節する。しかし、実験をしていると、湯の温度が下がってしまう。そこで、実験する温度より10℃～20℃ほど高い湯を多めに用意する。温度が下がってきたら、こまめに湯を取り替えるようにする。

湯煎で60℃まで温度を上げることは難しい。ホットプレートで湯煎をして、60℃になった物を各班に配り、湯につけて冷めないように実験させるとよい。

実験の結果は、下図のようなシートを準備して記録させる。

班ごとに入力する場所を分けて、他班の結果と比較することができるようにする。

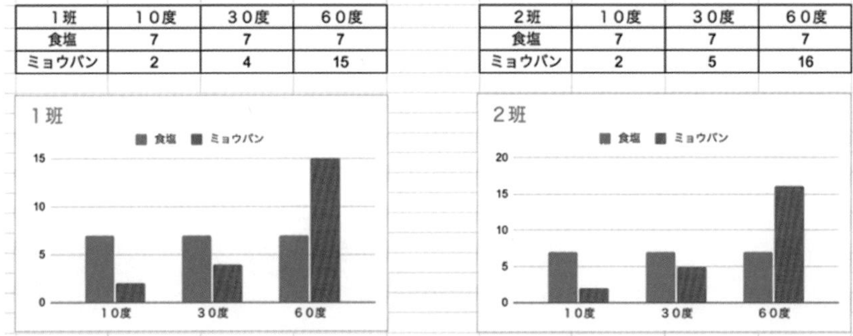

1班	10度	30度	60度
食塩	7	7	7
ミョウバン	2	4	15

2班	10度	30度	60度
食塩	7	7	7
ミョウバン	2	5	16

グラフを見て、わかったこと、気づいたこと、思ったことを、できるだけたくさんノートに書きなさい。

・食塩は水の温度を上げても溶ける量がほとんど変わらない。
・ミョウバンは水の温度を上げるとたくさん溶ける。
・食塩とミョウバンでは、溶ける量が大きく違う。

水の量を変えて調べた結果と水の温度を変えて調べた結果から考察したことをもとに、物が水に溶ける量についてのまとめをする。

参考図書：谷和樹監修『「理科」授業の腕が上がる新法則』（学芸みらい社）

（上田浩人）

③ 理科と日常生活を結び付ける

教科書に掲載されている資料を使って学習の振り返りを行いながら、学習内容と日常生活とのつながりに気づかせる

導　入　物の溶け方（１時間）
第１次　水に溶けた物の重さ（２時間）
第２次　物が水に溶ける量（６時間）
第３次　溶かした物を取り出すには（４時間）
まとめ　たしかめよう・つなげよう（１時間）本時

❶ 資料と単元の学習をつなげる（10分）

「物の溶け方」の単元の最後には、製塩の過程が紹介されている。

1　工場の方の話
2　塩水を蒸発させる工程
3　塩の粒を乾かす工程
4　余計なものが入っていないことを確認する工程

水溶液から水に溶けている物を取り出す学習を、生活につなげる内容となっている。

まず、前時までの復習として、水に溶けている物を取り出す方法を振り返らせる。ミョウバンの水溶液は冷やすことで溶けていたものを取り出すことができるが、食塩の水溶液は冷やしても食塩が取り出せないので、水を蒸発させ、溶けていたものを取り出したことを想起させる。

そして、次のように指示する。

教科書の関係するページと内容を書き込みなさい。

資料は右のような構成になっている。ほとんどの内容が教科書で学習したことと重なるようにできている。

これまで学習してきた教科書の内容と重なる部分を探すことで、比較的簡単に、実験と日常をつなぐことができる。

右に太字で示している「P149 実験6」は、水溶液を蒸発させる実験である。

下の段はろ過しているわけではないが、考え方として、不純物を取り除いているので、子どもたちはつながっていると考えた。

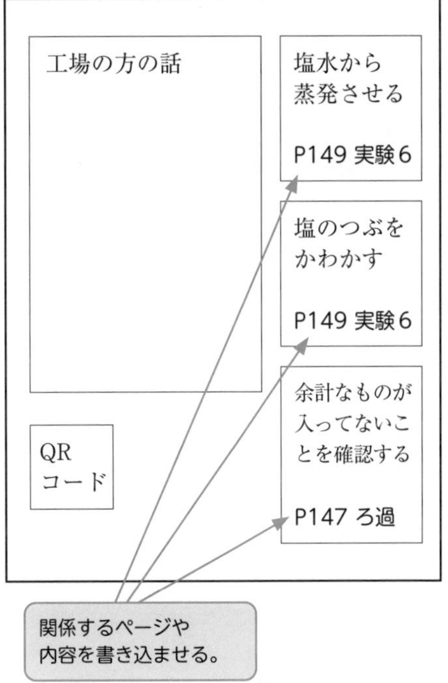

他の単元の資料も同じような構成となっているので、「学習したページを書き込んでつなげる」という方法を行うことができる。

短時間で単元の振り返りができ、学習内容と生活との関わりについて考えさせることができる。

❷「たしかめよう」の問題を解く（10分）

教科書には単元末に「たしかめよう」という練習問題のページがある。資料のページを扱い終えたら、この練習問題に取り組ませる。私は、教科書に答えを書き込ませるようにしている。

年度当初は、次のように指示する。

「たしかめよう」の問題を教科書にやりなさい。
わからないところは教科書を読み返してもよいです。
それでもわからなければ次の問題に進みなさい。

早く終わった児童には次のように指示する。

答えをClassroomにアップしてあります。
自分で答え合わせをしなさい。

答えを書き込んだ画像をアップしておき各自で見られるようにする。または、答えを書き込んだものを書画カメラで提示しておいてもよい。

このような方法をくり返すことで、児童が学習の仕方を習得している場合には、これらの指示は必要なくなる。

❸ まとめシートを作成する（25分）

教科書には、まとめのページも掲載されている。ここには、本単元で身に付けるべき知識が示されている。そこで、Ａ４用紙を配付し、

教科書を参考にして、勉強してきたことをまとめましょう。

と指示する。

作成にあたって次の条件を示す。

1　写してもよい。
2　自分で書いたものはテストのときに持ち込んでよい。
3　他のページに書いていること、自分で調べたことも書き加えてよい。
4　自分に必要な情報以外は書かなくてもよい。
5　用紙が足りなければ裏も使ってよい。
6　それでも足りなければ、もう１枚使ってよい。
7　この時間で間に合わなければ、宿題などでやってもよい。

すると、次のようなまとめが完成する。

もののとけ方

□水にとけたものの重さ

「ものが水にとける」とは、
・すき通っている。
・ものが均一に広がっている。
・時間がたっても、とけたものは、水と分かれない。

●とけて見えなくなっても、とけたものは、水よう液の中にある。

□ものが水にとける量

食塩やミョウバンが水にとける量

●ものが、水にとける量には、限りがある。

●ものによって、水にとける量がちがう。

水の量とものがとける量

●水の量を増やすと、水にとけるものの量も増える。

水の温度とものがとける量

●水の温度を変化させたとき、とける量の変化のしかたは、とかすものによってちがう

ミョウバンの水ようえき
も食塩水も水をじょ
う発させるととけてい
ものを取りだすことができ

□とかしたものを取り出すには

●水よう液の温度を下げると、つぶを取り出すことができる。（ミョウバン）

●水よう液から水をじょう発させると、つぶを取り出すことできる。（ミョウバン、食塩）

（奥田巖文）

① 振り子の規則性を調べる

導入で自由に実験させることで
条件制御の必要性に気づかせる

第1次　1往復する時間は、何によって変わるか（5時間）
第2次　1秒で1往復する振り子を作る（2時間）

❶ 振り子の1往復する時間を調べる

(1) 自由に実験させることで問題をつかませる

「振り子とは何か」について、ひもや棒におもりをつけて振ったり、メトロノームの動きを見せたりして説明する。

振り子が1往復する時間が物によって違うことから、次のように問う。

振り子の振れ方は何によって変わるのだろうか。

予想を書いて、発表させる。

「おもりの大きさによって変わる」「ひもや棒の長さによって変わる」「振れ方のいきおいによって変わる」などの考えが出される。

振り子実験器、ストップウォッチを準備し、各班で、予想を確かめる実験をさせる。

おもりの重さ、振り子の長さ、振れ幅などは規定せずに、自由に振り子実験器を使わせる。

記録は学習者端末を使い、班ごとにGoogleスプレッドシートに入力させる。

メニューを検索 (Alt+/)　100%　¥　%

	A	B	C	D	E
1					
2		1回目	2回目	3回目	平均
3	1班	1.1	1.3	1.5	1.3
4	2班	2	1.5	1.6	1.7
5	3班	1.2	1.1	1.5	1.3
6	4班	1.3	1.5	1.3	1.4
7	5班	1.5	1.4	1.3	1.4
8	6班	1	0.9	0.9	0.9
9					
10					

右上の表は、各班が入力した実験結果。各班で、振り子の長さやおもりの重さ、振れ幅を自由に設定しているので、振り子が１往復する時間が違っていることが、一目でわかる。

各班の結果を比較して考察させ、発表させる。

「おもりの重さが違うと１往復する時間が違っている」「おもりの重さと、振り子の長さが違うと１往復する時間が違う」「振れ幅を変えると１往復する時間が違う」「振り子のひもの太さが違うと１往復する時間が違う」など、様々な意見が出る。

自由に実験させることで、条件制御の必要性が見えてくる。

⑵ 実験の計画を立てる

振り子の実験では、「振り子の長さ」「おもりの重さ」「振れ幅」の３つの条件があることを確認する。

自由に行った実験では、どの条件が振り子の１往復する時間を変えるのかがわからなかったことから、条件を整理する必要があることに気づかせる。

①ふりこの長さによって1往復する時間は変わるか

変える条件	ふりこの長さ　15cm、30cm、45cm
変えない条件	おもりの重さ10g、ふれはば20°

②おもりの重さによって1往復する時間は変わるか

変える条件	おもりの重さ　10g、20g、30g
変えない条件	ふりこの長さ30cm、ふれはば20°

そして、３つの条件のどれが、振り子の１往復する時間を変えるのかを調べるための方法を整理させる。

③ふれはばによって１往復する時間は変わるか

変える条件	ふれはば 20°、40°、60°
変えない条件	ふりこの長さ30cm、おもりの重さ10g

それぞれの実験について、結果を予想してノートに書かせる。

⑶ 演示実験で実験方法を確定し、班ごとに実験を行わせる

振り子の実験は、振れ幅の合わせ方、10往復の数え方、１往復の時間を求める計算の仕方など、手順が複雑でわかりにくい。

そこで、１つ目の「振り子の長さ」を調べる実験は演示実験を見ながら、数を数えたり時間を測ったりさせることで、実験方法を確定させることができる。

教師が振り子実験器を操作し、各班１人にストップウォッチを持たせ、計測させる。⑴と同じように、班ごとにGoogleスプレッドシートに記録させる。

学級全体で「いーち、にー……」と数えることで、10往復の数え方がわかり、ストップウォッチを押すタイミングも伝えることができる。

１往復の時間を求める計算まで一緒にやって、答え合わせをすることで、２つ目・３つ目の実験は、班ごとにスムーズに行うことができる。

結果は、Googleスプレッドシートに記入させる。

各班の結果をグラフに整理させて、考察させる。

❷ 応用問題に取り組む

⑴ １秒振り子づくりに挑戦させる

班に振り子実験器を１台ずつ配付し、１往復する時間がちょうど１秒になる振り子を作らせる。

Googleスプレッドシートに記録されたこれまでの実験結果を振り返って、実験方法を考えさせる。

1秒で1往復する振り子にするには、振り子の長さやおもりの重さ、振れ幅をどうすればよいか班で話し合います。

「振り子の長さが30cmの時、1.1秒だったから……」などと、具体的な数値を使って話し合っている班を紹介すると、どの班も実験方法を考えることができる。

実験では、メトロノームを、1秒で刻むようにして、それに合うように振り子を振るようにするとよい。

1秒振り子ができたら、2秒振り子にも挑戦させる。

⑵ おもりのつり下げ方による違いを説明させる

右図のⒶとⒷでは、おもりの重さが同じでも、1往復する時間が違うのはなぜか、説明させる。

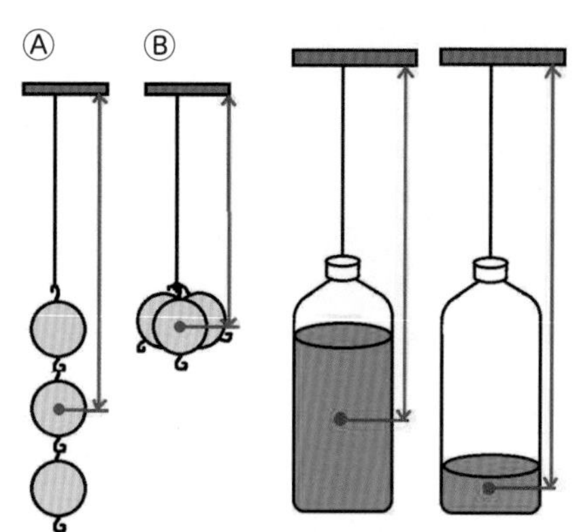

その上で、水の量の違うペットボトルをつり下げたときはどうなるか予想と理由を書かせる。

おもりの重さの違いではなく、振り子の長さが違ってしまうので1往復する時間が違うことに気づかせる。

（岡本　純）

② クラス全体のデータをスプレッドシートで共有する

全体のデータを共有することで実験結果の妥当性を上げ、それらを散布図にすることで考察に生かすことができる

第1次　振り子の周期をかえるものを考える（導入）（1時間）
第2次　振り子の周期をかえる条件を探す（4時間）本時
第3次　振り子の周期をかえて決まった長さの振り子を作ろう（2時間）

❶（単元導入）音楽に合う振り子を作ろう

⑴ 曲に合う振り子を作らせる

振り子実験器を各班に渡す。児童の知っているゆっくりとしたテンポの曲を流して、そのテンポに合う振り子を作るように指示する。しばらく試した後に以下のように発問し、ロイロノートに記入して提出させる。

音楽に合わせるために、どのように工夫しましたか？

この段階では、重さや、振れ幅を変えると周期が変わっているように感じる児童もいる。対立が生まれることが、実験への動機づけとなる。

話し合いの結果、「おもりの重さ」「振れ幅」「振り子の長さ」の３つの条件を変えて実験することとする。

❷１往復の時間と関係ある条件を探そう

⑴ おもりの重さを変えたときの実験方法を確認する

まず、おもりの重さを変えて、1往復の時間を調べる実験を行う。実験前にノートに変える条件と変えない条件を書かせる。変える条件は「おもりの重さ」、変えない条件は「振り子の長さ」「振り子の振れ幅」となる。そこで「それ以外に変えてはいけないことはないですか？」と問う。数の数え方、ストップウォッチを押すタイミングなど「調べ方」についても気をつける必要があることに気づかせると、実験の正確さが増す。

重さを変えるとふりこの周期は変わるのか？

	ふりこの周期		1回目	2回目	3回目	10往復平均
		1班				
		2班				
		3班				
		4班				
		5班				
		6班				
		7班				
おもり10g		8班				
		1班				
		2班				
		3班				
		4班				
		5班				
		6班				
		7班				
おもり20g		8班				
		1班				
		2班				
		3班				
		4班				
		5班				
		6班				
		7班				
おもり30g		8班				

図1

⑵スプレッドシートを配布して実験結果を記録する

Googleスプレッドシートで図1を作る。そこに児童全員を招待して、共同で入力させる。

各班、10往復させたときの結果を打ち込ませる。すべての結果を打ち込んだら、平均と1往復の周期を出す式を下記の手順で打ち込ませる。

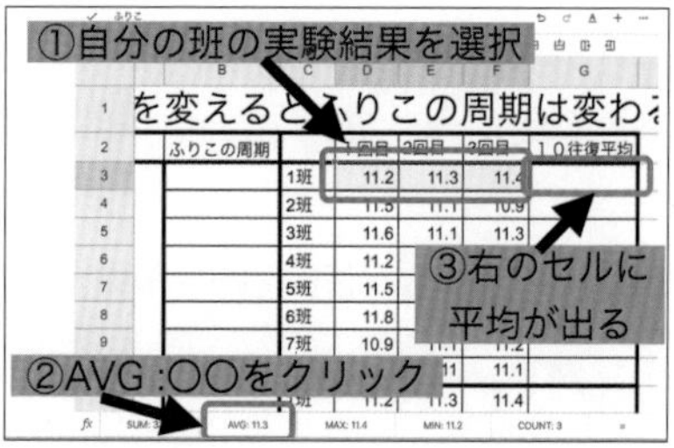

①自分の班の実験結果を選択

②AVG：○○をクリック

③右のセルに平均が出る

図2

【平均の求め方（図2）】

①自分の班の3つの結果を選択する。

②下に「AVG：○○」と出てくるのでそれをクリック。

※AVGとはAVERAGE（平均）の略。

③右のセルに平均が出る。

①1往復の時間を出すセルをダブルクリック

②左下の＝をクリック

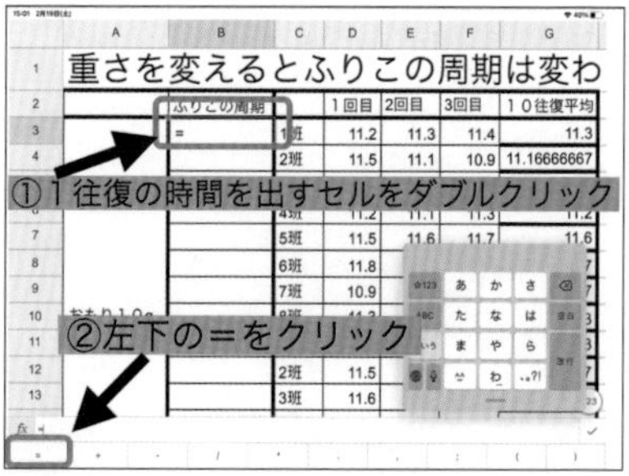

図3

【1往復の結果を出す（図3）】

①（図3）1往復の答えを出したいセルをダブルクリック。

②セルの中に＝を打ち込む。

③（図４）自分の班の10往復の時間の平均を選択すると、＝の後に選択したセルの名前が出る。セルの名前の後に/10と打ち込む。10で割るという意味。

④右下の✔をクリック。

同じ方法で、振れ幅、振り子の長さでも実験を行う。

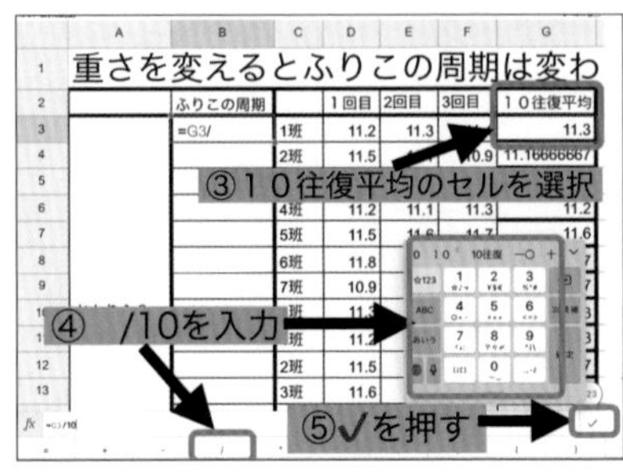

図４

※あらかじめ教師がこれらの関数を入れておいてもよい。

❸ データから振り子の周期を変える条件を考える

⑴ 教師用端末で散布図を作る

３つの実験が終わった段階ですべての班の「おもりの重さ」「振れ幅」「振り子の長さ」のデータがそろう。それを散布図に表し考察する。

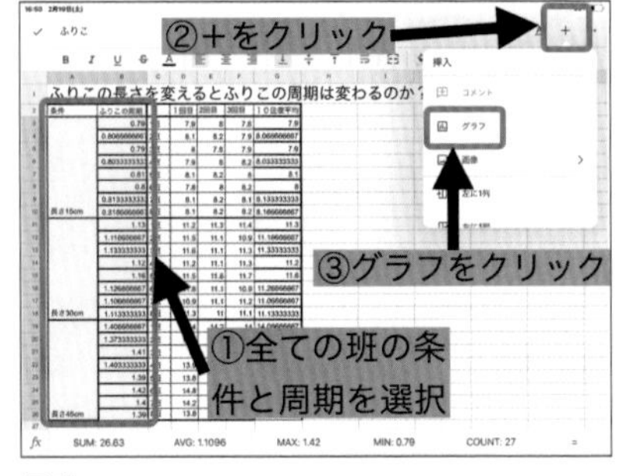

図５

【散布図の作り方「振り子の長さ」】

①（図５）表の左端と各班の１往復の時間のデータをすべて選択する。

②選択した状態で右上のプラスをクリックしグラフを選択。

③メニューからグラフを選択。

④（図６）グラフの右側に種類を選択するボタンをクリック。

⑤グラフから散布図を選ぶ。

⑥左上のチェックをクリックするとグラフが完成する。（図７）

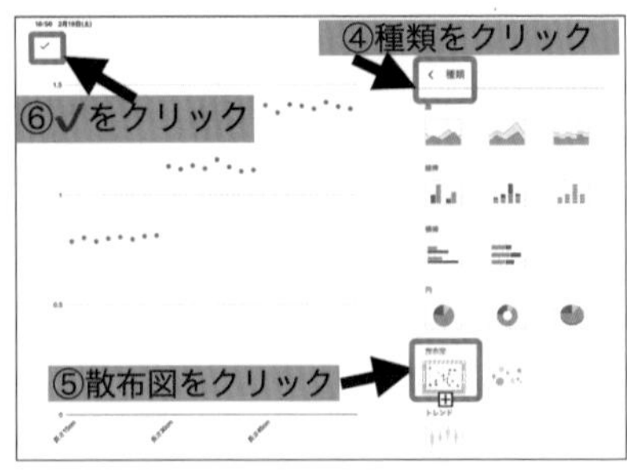

図６

⑵ データを検討する

散布図を見て、実験の結果からわかったことを書きましょう。

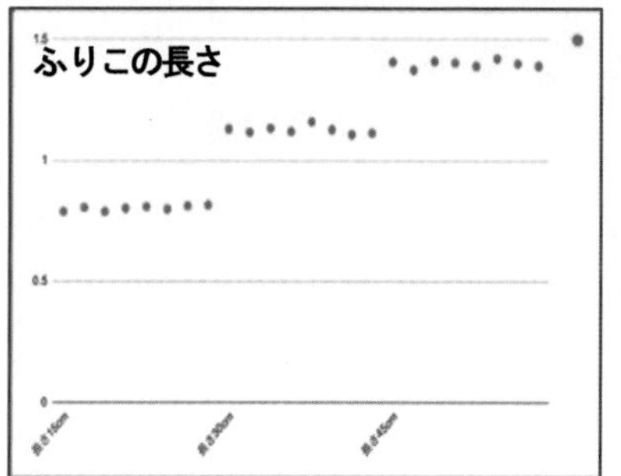

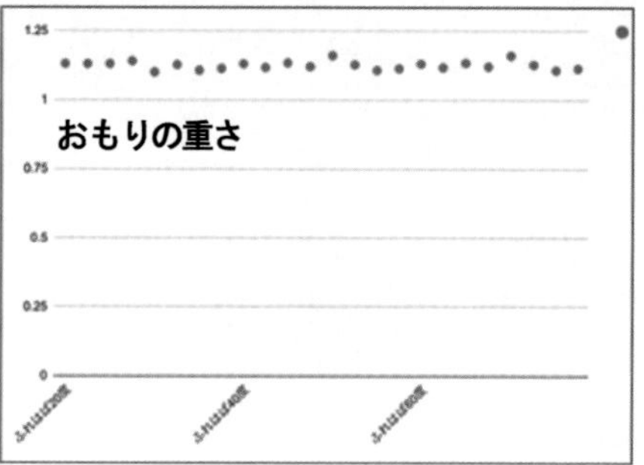

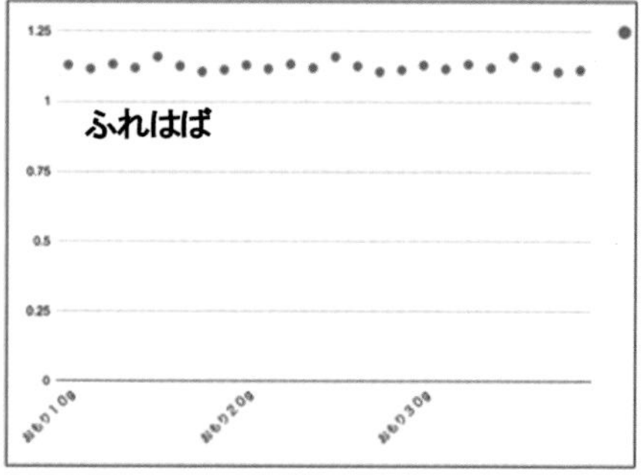

図7

・振り子の長さを変えたときだけ、１往復する時間が変わる。

・おもりの重さや振れ幅を変えても１往復する時間は変わらないが、振り子の長さを変えると１往復する時間は変わる。

・振り子の長さが長いほど、１往復する時間は長くなる。

発表された意見から、振り子のきまりを３つ書き出して、まとめの文を書かせる。

「振り子の長さによって、振り子の１往復する時間が変わる」「おもりの重さや振れ幅を変えても、振り子の１往復する時間は変わらない」「振り子の長さが長いほど、振り子の１往復する時間は長くなる」の３つのきまりを書くことができたかを確認し、足りない文は書き足させる。

（蔭西　孝）

① 花のつくりを調べる

教科書の図を観察や模写に活用する

第1次　ヘチマとアサガオの花のつくりを調べる（2時間）本時
第2次　おしべの働きを考え、花粉を観察する（2時間）
第3次　めしべの観察（1時間）
第4次　受粉と実のでき方の関係を考える（2時間）

❶ ヘチマとアサガオの花の違いを調べる（1時間目）

(1) ヘチマの花はすべて同じか

4年生のとき、1年間を通して成長を見守ってきたはずのヘチマだが、実をつける花、実をつけない花の2種類があることに、多くの児童が気づいていない。

そこで、雌花と雄花の写真を見せる前に、学校で育てているヘチマ棚の写真を用意し、次のように発問する。

去年収穫したヘチマの実は、今咲いている花の数と同じくらいでしたか。

昨年のヘチマの花の様子や収穫した実の数を思い出させる。実の数は、咲いている花の数よりずいぶん少ないことに気づく。

そこで、疑問が生まれる。ヘチマの花はたくさん咲いているのに実の数が少ないのはなぜか。すべての花が実にならないのかもしれない。こうした疑問や気づきを出させてから、教科書の雄花・雌花が載っているページを見せて気づいたことを発表させる。

・ヘチマの花には２種類ある。
・花の色は同じだが、形が少し違う。
・花の数と実の数の違いに関係があるのか。

形の違う２種類の花があることに気づかせた後、指示を出す。

本当に２種類の花があるか確かめてみよう。

児童一人一人に教科書を持たせて、写真を図鑑のように利用して、２種類の花を見分けさせる。（右写真）

最初はすぐに見分けられなくても、１人が見つけると、徐々に児童同士で伝達し合い、全体へ発見が伝わる。そうして学級の大体の児童が見つけるのを待つ。

このとき、学習者端末で、２種類の花を写真に撮って提出させると、雌花・雄花を見つけられたかを確認することができる。２種類の花を見つけることができたら、教室に戻り学習の続きを行う。

⑵ ヘチマの花とアサガオの花

ヘチマの花の観察を終えて教室に戻ったら、次のように問う。

１年生のときに育てたアサガオにも２種類の花がありますか。

１年生のときのことは覚えていないことが多いので、思い出すというより予想することになる。

２種類あると思うか、ないと思うかを考えさせた後、教科書のアサガオの花を見せる。

ヘチマの花とアサガオの花を見比べて、同じところや違うところを見つけてノートに書きましょう。

・ヘチマと違ってアサガオの花は１種類しかない。
・花びらの形や色、数が違う。
・花の中にあるおしべやめしべの数が違う。
・がくがあるのが同じ。

この後、アサガオの花を実際に見に行ったり、学習者端末で写真を撮ったりして観察させる。

実物を観察させることが難しい場合は、NHK for Schoolを使う方法がある。「アサガオの育ち方」という２分ほどの動画では、育ち方を振り返ることができる。「花の中にあるめしべとおしべ」という１分ほどの動画では、オクラ、ホウセンカ、アサガオ、キキョウ、ヤマユリの花のつくりを見ることができる。

ここで、花がたくさん咲いているのに実が少ないヘチマに対して、アサガオはたくさんの花と同じだけ実をつけることを写真等で確かめる。

そして、ヘチマとアサガオは花のつくりが違うだけでなく、実のでき方も違うのではないかという問題意識を持たせる。

❷ ヘチマの花のつくりを観察する（２時間目）

⑴ 虫眼鏡で細部まで観察する

ヘチマは、たくさんの雄花が咲くが、雌花は数がとても少ない。

雄花は、できれば１人１つ、数がそろわなければ２～３人で１つ用意して、虫眼鏡を使っておしべの先など細部まで観察させる。

雌花は、雄花を観察させている間に回覧する。

観察して気づいたことをノートに書かせて発表させる。

・雄花と雌花の花びらはよく似ている。
・雄花と雌花のまん中にあるものの形が少し違う。
・雌花は花びらの下に細長いキュウリのようなものがある。

花の観察で気づいたことを、教科書の花の絵で確かめて、各部分の名前を説明する。

(2) トレーシングペーパーで模写をする

教科書の図は、花の内側まで見やすく描かれている。この図を写させて、花のつくりの理解を深める。

> 教科書の図にトレーシングペーパーを重ね、丁寧になぞりなさい。

先のとがった鉛筆で写すようにするとよい。

写し終わったら色を塗り、ノートに貼らせる。

ノートに貼った絵の横に、花の部分の名前やつくりについての説明を書き込ませる。

ヘチマの雄花と雌花ができたら、アサガオも同様にして模写させる。写し取る作業は、どの子も集中してきれいに仕上げることができる。

（才野早苗）

雄花

雌花

①メダカの雌雄を見分ける

端末で班の意見を交流して考察させる

第１次　メダカの卵について疑問を話し合う（１時間）本時
第２次　メダカの雌雄の見分け方を知る（２時間）本時１時間目
第３次　メダカの卵の育ち方を予想し調べる方法を考える（１時間）
第４次　メダカの卵の観察をし、卵の変化を記録する（２時間）
第５次　魚の卵の中の変化についてまとめる（１時間）

❶ メダカと出会う前に疑問点を見出す（１時間目）

(1) メダカのおすとめすを確定させる

教科書には、たくさんのメダカが群れになって泳ぐ写真が載っている。これを活用する。

写真を見てわかったこと、気づいたこと、思ったことをノートに箇条書きにしなさい。

「色が黄色っぽい」「全部で８匹いる」「大きさはほぼ同じ」…等々出る。その中で、比較的早い段階で気づくのが、「メダカのおなかに何かがついている」ということだ。

箇条書きにした際に、「卵」と書いている児童もいる。メダカの卵はニワトリのような殻のついた硬い卵ではなく、イクラのように色がついている卵でもない。児童の意見を取り上げて、メダカの卵であるという確認を全体で

行う。

次に、「おす・めす」という言葉を教え確認をする。

卵をつけたメダカは、おすかめすか。

卵をつけているのだからめすだと簡単に終わらせずに、もう一歩踏み込んで聞くとよい。

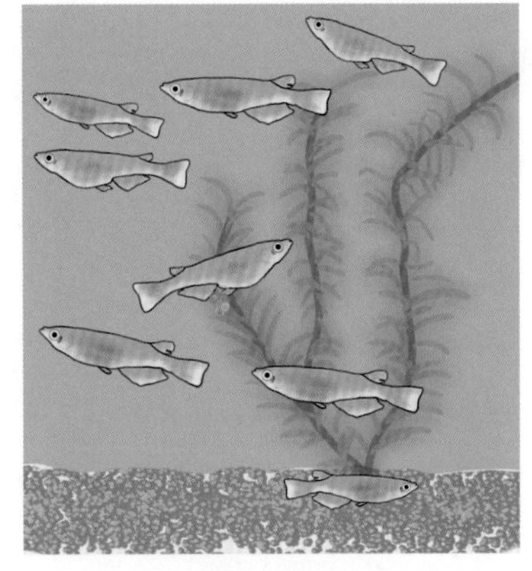

図1　教科書の写真のイメージ

魚の生態によっては、おすが子育てをすることもあることを念頭において考えさせる。「卵を産むのはめすだから、産んだばかりの卵を腹につけているのはめすだ」などと説明させる。

写真には他に卵を持った個体がいないことを確認し、さらに質問する。

この写真には、卵をつけたメダカ以外にめすがいないということでよいでしょうか。

この意見に賛成か、反対か立場を明らかにして討論させる。

＜賛成＞

・おすとめすで数が違う生物もいると本で読んだことがある。

・卵を産んでいないから、残りはおす。

＜反対＞

・今産んでいないだけで、後から産むかもしれない。

・ヒトも男女同数だから、メダカも同じくらいめすがいるのではないか。

等々、自由に議論させることで、おす・めすを見分けることへの関心を高める。

(2) 教科書の写真を使って、雌雄の見分けを練習する

メダカの雌雄については、教科書に図が示されているとおり、背びれや尻びれ、腹の形などで見分ける。

この見分け方を使って、教科書に載っている写真でおすとめすを見分ける練習をする。（図1）

教科書の写真に書き込んでもよいが、写真を学習者端末に取り込んで共有機能のあるアプリを使って書き込ませると、児童の考えがリアルタイムでわかる。迷っている児童は他の児童の考えを参考にすることもできる。

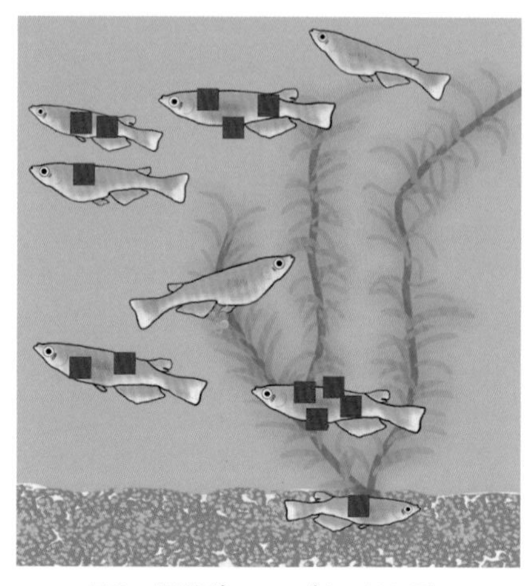

図2　児童がスタンプをつけた例

学習者端末管理アプリによっては、児童が印（スタンプ）を立てたところを集計する機能があるので、「おすだけスタンプをつけなさい」と指示すると、どの児童がどのメダカをおすと判断したのか瞬時に集計できる。

❷ 実際のメダカの観察をする（第２次１時間目）

メダカのおす・めすは、教科書の写真なら見分けがつけられる。しかし、実際のメダカになると判断が難しい。

メダカは動いて、すぐに目の前からいなくなる。ヒレは、教科書のように見やすく広がっているわけではない。大きな水槽で飼っている場合、全員で水槽を囲んで覗き込むのは効率が悪い。

図3　観察用水槽

右の写真のように観察用の薄くて小さな水槽があれば、１匹ずつメダカを入れて、動きを制限して観察することができる。

しかし、そうした道具がないこともある。そういう場合には、小さいチャック付きポリ袋と実験用酸素ボンベを使う方法がある。メダカをチャック付きポリ袋に水ごと移し、そこに酸素ボンベから酸素を送り込みチャックを閉じる。そして、それぞれの袋に１～９の番号をつけておく。

朝から準備して昼前の理科の授業まで、これだけでメダカが酸欠になることなく元気で泳いでいた。

1～9番のメダカを「おすかめすか」見分けなさい。

左ページ下の写真のように、１匹ずつ水槽に入れて番号を付けたメダカを班ごとに回覧して交代で観察させる。回ってきた番号のメダカについて、各自でおすかめすかを判断し、ノートに予想を書かせる。

予想ができたら、班で話し合わせる。各班の考えを、黒板や学習者端末で集約し、全員に見えるようにするとよい。

「私の班だけおすと書いているから、もう一度確認してみよう」「他の班はみんなめすと書いているから、きっと○番はめすだろう」と、他の班の考えをヒントに話し合って、随時、意見を修正させる。

おす・めすを予想させるだけでなく、右のように、判断した理由を考えて、学習者端末に書き込ませると、より詳しく観察させることができる。

（才野早苗）

メダカのおす・めすを見分けよう

	1番	2番	3番	4番	5番	6番	7番	8番	9番
1班	おす	めす	めす	おす	おす				
2班		めす	おす	おす	おす	めす			
3班			おす	めす	おす	おす	めす		
4班				おす	おす	めす	めす	おす	
5班					おす	めす	めす	おす	めす
6班	おす					めす	おす	おす	めす

図４　学習者端末を利用して書き込んだ例

① 動画を活用して流れる水の働きを調べる

繰り返し動画を見たり画像を比較したりして
結果をくわしく書かせて考察させる

第１次　川原の石（２時間）
第２次　流れる水の働き（５時間）本時１～５時間目
第３次　私たちのくらしと災害（１時間）
第４次　川の観察（３時間）

❶ 流れる水の働きを調べる

⑴ 土の斜面に水を流す実験で調べる（１時間目）

（教科書の山の中と平地の川の写真を見比べて）

川の流れる場所によって、石の大きさや形、水の流れる速さなどが違うのはなぜか、予想を書きましょう。

「土地の傾きが違うから、流れの速さが違う」「水に流されて、石が割れたり削られたりするから、石の大きさや形が違う」といった意見が出る。

これらの予想から本時の問題を立てることでねらいが明確になる。

流れる水にはどのような働きがあるかについて調べます。

土の斜面に水を流して、流れる水や地面の様子を観察しましょう。

実験では、学習者端末で水を流す様子の動画を撮影させる。

ノートに、水を流したときの様子について、観察したことを記録させる。

⑵ 動画を見ながら考察する（２時間目）

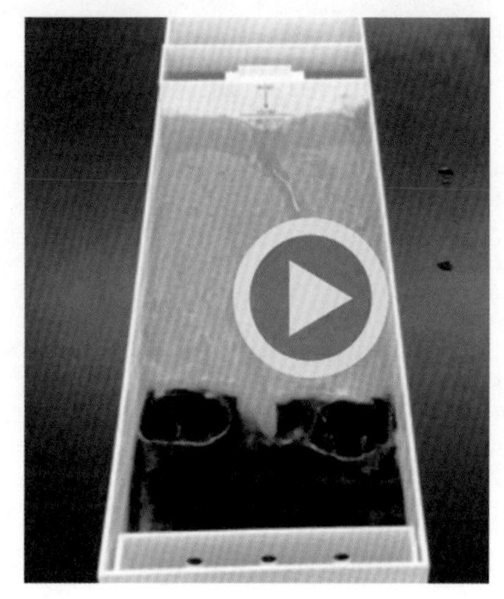

前時の実験の結果をくわしく書きます。動画を見ながら、わかったこと、気がついたこと、思ったことをなるべくたくさんノートに書きます。

繰り返し動画を見ながら、前時に書いた記録に、付け加えて書かせる。リアルタイムで観察したときには気づかなかったことを見つけて書くことができていた。

「斜面の上の方の土が削られた」「斜面の上の方は水の流れが速い」「斜面の下の方に土がたまっている」「斜面の下の方に行くと、流れがゆるやかになる」といった意見が出る。

実験の結果から、流れる水にはどのような働きがあるといえますか。「斜面の上の方の土が削られたという結果から、流れる水には、土を削る働きがあるといえる」というふうに書きましょう。

「斜面の下の方に土が流れて来たという結果から、流れる水には、土を斜面の下に運ぶ働きがあるといえる」「斜面の下の方に土がたまったという結果から、流れる水の働きには、土を斜面の下にためる働きがあるといえる」といった意見が出る。

児童の考察から、地面を削る働きを「浸食」、土や石を運ぶ働きを「運搬」、流れてきた土や石を積もらせる働きを「堆積」ということを教え、ノートに「まとめ」として書かせる。

教科書には、「V字谷」や「扇状地」の写真が資料として載っている。そこで、「V字谷」や「扇状地」ができた仕組みを説明させる。

❷ 流す水の量を変えて、流れる水の働きを調べる

⑴ 問題をつかみ、実験を計画する（３時間目）

近くの川の写真です。
川が曲がっているところの内側と外側を見比べて、気がついたことを書きましょう。

「外側の水が深くなっている」

「外側は流れてきた水が外側にぶつかって川岸を削ったのだと思う」「内側に石がたまっている」「内側には水が山から運んできた石がたまったのだと思う」といった意見が出る。

さらに、次のように発問する。

内側に石がたまったり、外側が削られたりするのは、どんなときだと思いますか。予想を書きましょう。

「大雨で水がいきおいよく流れるとき」「台風で川の水の量が増えたとき」といった意見が出る。

予想を確かめるために、どのような実験をするとよいか、１時間目に行った実験を振り返って考えさせる。

水のいきおいを強くするために、１時間目に行った実験よりも、流す水の量を増やすとよいことに気づかせ、実験の計画を行う。

調べることが、「流す水の量による水の働きの大きさの違い」であることを踏まえて条件を検討させる。

変える条件	変えない条件
水の量	しゃ面のかたむき 土の量 川の形

変える条件（調べる条件）が「水の量」で、変えない条件が「斜面の傾き」や「土の量」、「川の形」など、水の量

以外のすべての条件であることをノートに書かせる。

⑵ 水の量を変えて実験する（４時間目）

前時に計画した斜面に流す水の量を変える実験を行う。このとき、水を流している様子の動画を学習者端末で撮影させる。

実験をしながら、水を流しているときの様子について、見たことをノートに記録させる。実験の後始末をした後、時間があれば、動画を見て気づいたことを付け加えて書かせる。

実際に見て気づいたことと、動画を見て気づいたことの両方を書かせることで、より詳しい記録になる。

⑶ 比較して考察させる（５時間目）

流れる水の様子を動画で見ると、川の形が少しずつ変化していく。そのため、動画で、どこがどれだけ浸食されて、それがどれだけ堆積したのかを捉えることは難しい。

そこで、動画を止めてスクリーンショットしたものを並べて比較させた。

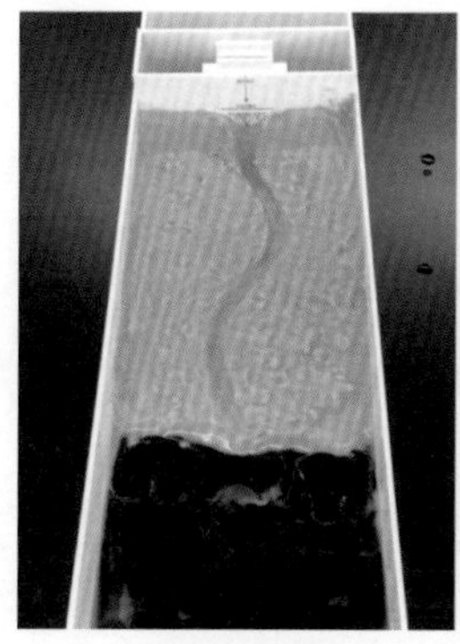

水を流す前

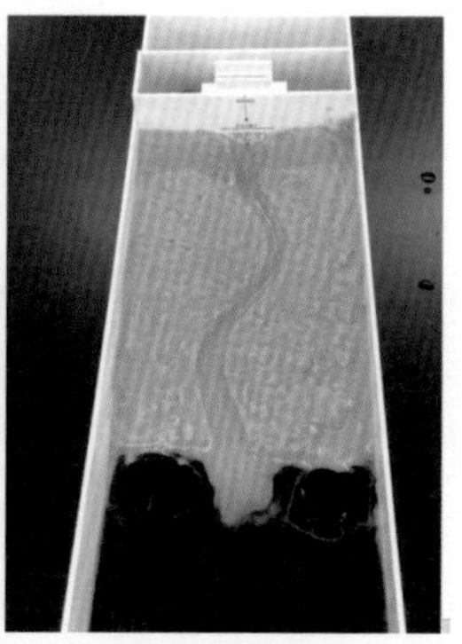

水を流した後

「水を流す前」と「水を流した後」、流す水の量が「少ないとき」と「多いとき」を見ることで、「上の方がたくさん削られて川の形が変わっている」「最初、土がなかった下の方に、たくさん土が運ばれている」と新たな気づきがあった。

静止画を比較することで、浸食されて川の形が変化したことや堆積した土の量が違うことを発見させることができた。

（上木朋子）

② 実験道具を工夫して流れる水の働きを調べる

繰り返し実験して追究させる

第１次　水が流れたときの様子や地面の変化（４時間）本時２～４時間目
第２次　上流と下流の川の様子や川原の石の変化（５時間）
第３次　大雨で水の速さや量が増したときの土地の変化（５時間）

❶ 繰り返しやってみて追究できる実験方法の工夫

⑴ 使う材料の工夫（２時間目）

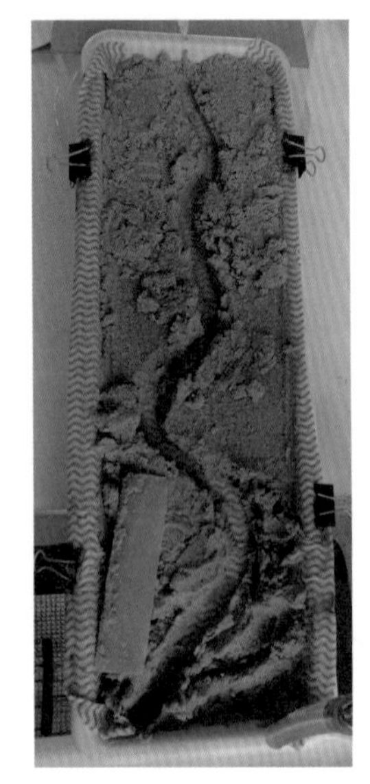

１時間目に教科書で流れる水の働きについて学んだことを、実験で確かめさせる。

班ごとに、流水実験器に水を流して実験を行う。本実験では、珪砂という砂の粒が大きいものを使用している。水はけがよく、何度も実験ができる砂である。ホームセンターなどで購入できる。

実験時間を決めて、時間内にできるだけ繰り返し水を流してみることで、１度では気づかなかったことがわかったり、試してみたいことが思いついたりする。体験を大事にすることで、探究的に学ばせることができる。

実験の様子は動画で撮影させて、実験後に繰り返し動画を見ながら考察させる。

(2) 道具の工夫（3時間目）

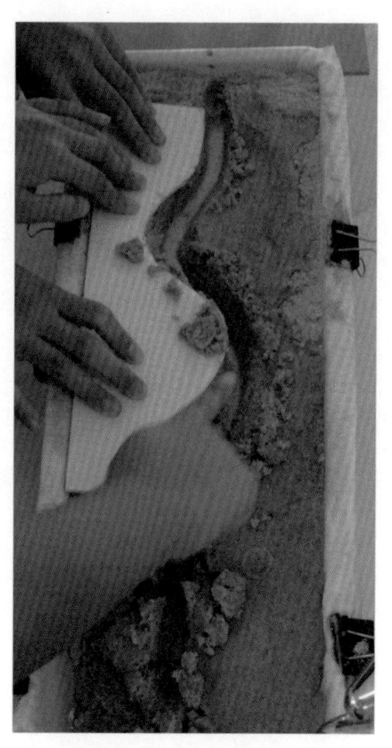

条件をそろえて実験するために、同じ川を作る必要がある。

そこで、百円ショップで購入できる発泡ポリスチレンで作った道具を使う。右写真のように、川の形に切ったものを用意する。発泡ポリスチレンの型に沿って指でなぞるだけで、同じ形の川を何度も作ることができる。

流れる水の働きは、何によって変わるかを考えさせると、「水の量」「斜面の傾き」という意見が出る。

それらを確かめるために、同じ形の川で繰り返し実験させることができる。

❷ 学習者端末を利用して結果を記録する

(1) 実験後の川の様子を書き込む

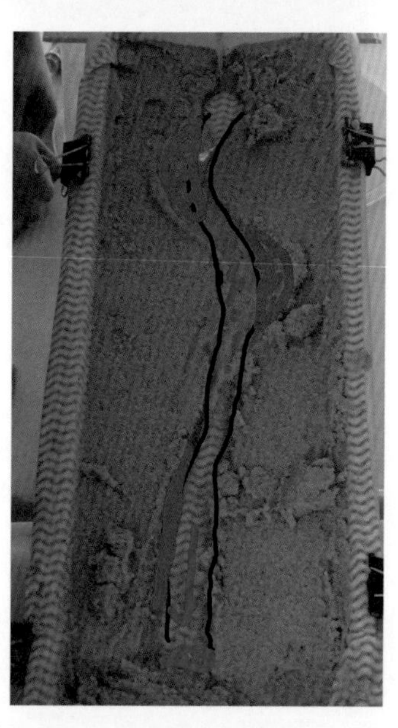

実験は動画と静止画の両方で記録をとる。

動画は繰り返し見て、結果を詳しく確かめるために使う。

静止画は、水を流す前と後に撮影して、比較に使う（動画の最初と最後をスクリーンショットしてもよい）。

水を流した後の画像には、右写真のように、侵食は赤色、運搬・堆積は青色と色分けをした書き込みをさせる。

侵食や運搬、堆積の様子が一目でわかる画像になる。

(2) 結果を比較する

Googleスライドなどのアプリに書き込みをした画像を貼り付けて比較させ、ノートに気づいたことやわかったことを書かせる。

下図は、Googleスライドを使って、流す水の量が少ないときと水の量が多いときの結果を並べて比較している。

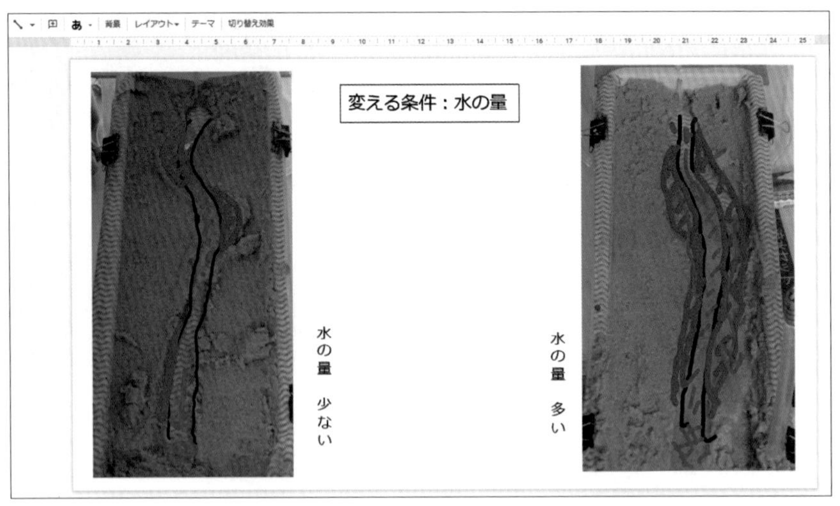

・水の量が多いときの方が、浸食や運搬、堆積の働きが大きい。
・川の外側の方が浸食されやすい。
・水の量が多いと、川の形が大きく変わる。
・上流の方がたくさん浸食されている。
といった意見が出る。

同様にして、傾きが大きいときと小さいときの結果も比較して、気づいたことやわかったことをノートに書かせて発表させる。

流れる水の量が多いときや上流のような傾きの大きいところでは、流れる水の働きが大きくなることを確認してまとめる。

❸ 空間的な視点を持たせる（４時間目）

(1) Google Earthで身近な川を観察する

Google Earthを起動して、自分の小学校を見つけさせる。

そして、学校に近い大きな川を指定して、観察させる。

川がカーブしている場所を探して、外側と内側の様子を調べます。実験の結果と比べながら、気づいたことをノートに書きます。

・実験と同じように、カーブの内側に土や砂が堆積している。

・外側は浸食されるので、コンクリートになっている。

・内側に石などが堆積しているので、流れが緩やかなのだと思う。

ここで考えさせたことは、第３次の内容につながる。

(2) 川をたどらせる

Google Earthで、川の上流に行ってみましょう。

いくつもの支流に分かれていることや次第に川の幅が狭くなっていることなどに気づく。第２次の内容につながる。

その後、上流から下流までたどらせ、最後は川が海に流れることを確認させる。

（岡本　純）

③ 増水による土地の変化と災害について調べる

学習者端末を活用した調べ学習や実験で
災害について考察させる

第１次　上流と下流の川の様子や川原の石の変化（２時間）
第２次　水が流れたときの様子や地面の変化（３時間）
第３次　大雨で水の速さや量が増したときの土地の変化（４時間）
第４次　川の水による災害や災害に対する備えについて、調べたり考えたりする（３時間）本時１～２時間目

❶ 最新の身近な資料を調べ活用する（１時間目）

(1) 身近な災害について知る

2018年に西日本豪雨がありました。学校周辺の道が冠水し、１階の教室も水につかりました。校区では、人的な被害はなかったのですが、多くの家屋や家財、田畑が被害にあいました。

このように、児童の身近にあった災害について説明する。各自治体の防災担当課が開設するホームページには、各地の過去の災害に関する情報が載っている。自分の住む地域について、児童に学習者端末で調べさせる。

調べたことを家の人に知らせ、過去の災害について家族と話し合う活動を行わせると、より自分ごととして学習に取り組むことができる。

災害から身を守るために、どんなことを調べればよいですか。

・危険な場所　・過去に災害があった場所　・避難場所　などの意見が出る。

⑵ 公的機関のWebサイトを調べる

大きな災害は必ず国の機関が調査している。まずは、確かなデータとして「国土地理院」の過去の災害データを活用するとよい。

下の地図は、2018年の倉敷市真備町周辺浸水推定段彩図である。地形図と比べて見ると、土地の低い所に浸水したことがよくわかる。

この他に、地域によっては、街の移り変わりや土地の成り立ち、災害伝承を示しているものもある。

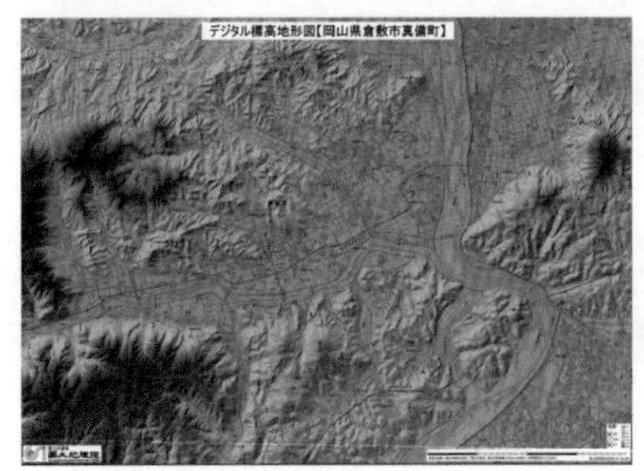

国土地理院の「ハザードマップポータルサイト」では、その土地の浸水予測範囲や、土砂災害危険区域を地形図に重ねて閲覧することができる。このサイトを利用して、自分の家のある

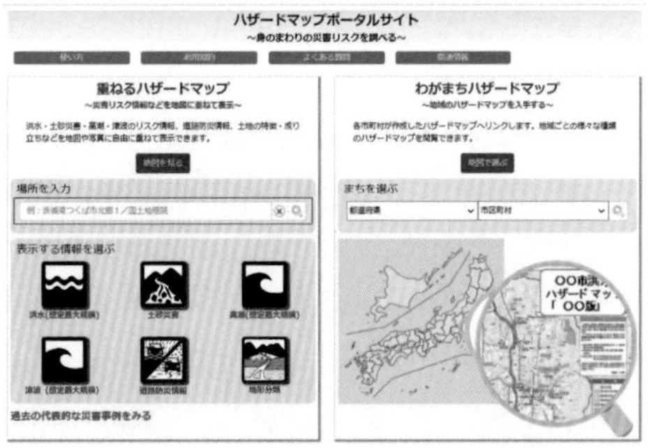

場所を検索し浸水深や近くの避難所を調べ、避難経路を考える活動を行うことができる。

活動後、家族に調べたことを伝え、避難方法や危険個所について家族で話し合うよう指導する。

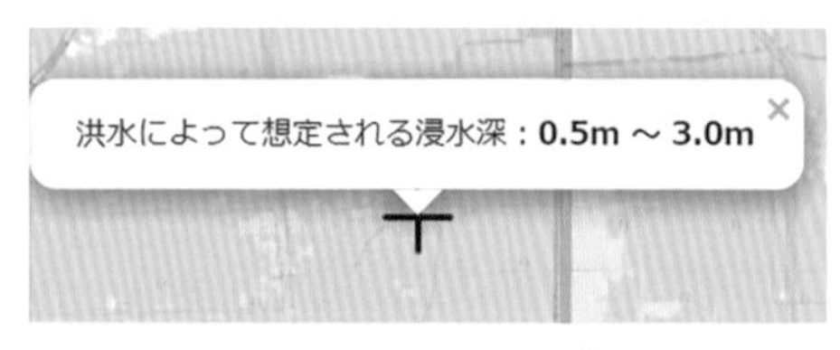

クリックした場所の浸水深がわかる

❷ 災害を想定し、防ぐための手立てを考える（２時間目）

⑴ 水の量が増えたとき、どう被害を減らすか

川のモデル実験を通して、水の量が増えると、浸食・運搬・堆積の働きが大きくなり、川の形が大きく変化することは学習している。

このモデル実験を使って、災害を防ぐ手立てを考える授業を行う。

実験装置に建物を想定したスポンジを乗せる。そして、川に水を流し、その水の量を増やしていくとどうなるかを考えさせる。

水の量が増えると、流れる水の働きが大きくなり、川の形が変わるので、今回乗せたスポンジは流されてしまうことが予想される。

スポンジが流されないようにするにはどうしたらよいか。
その対策を考えなさい。

考えをノートや学習者端末で箇条書きに列挙させる。

・コンクリートブロックで川の形が変わらないようにする。
・ダムを造って、水を溜める。・できるだけ土を盛り、その上に家を置く。

・スポンジを川から遠くに離す。・別の川を隣に作って、水を流す。

出された考えの中から、班で相談して妥当性のあるものを選び、順番に実験させる。実験は、学習者端末で動画や写真に撮って記録する。

(2) 実験結果を学習者端末で共有する

水を流す前と後が比較できるように、実験前後の写真を並べさせる。

動画が撮ってある場合は、実験の最初と最後をスクリーンショットして使う。下の図はJamboardを使用して結果をまとめたもの。

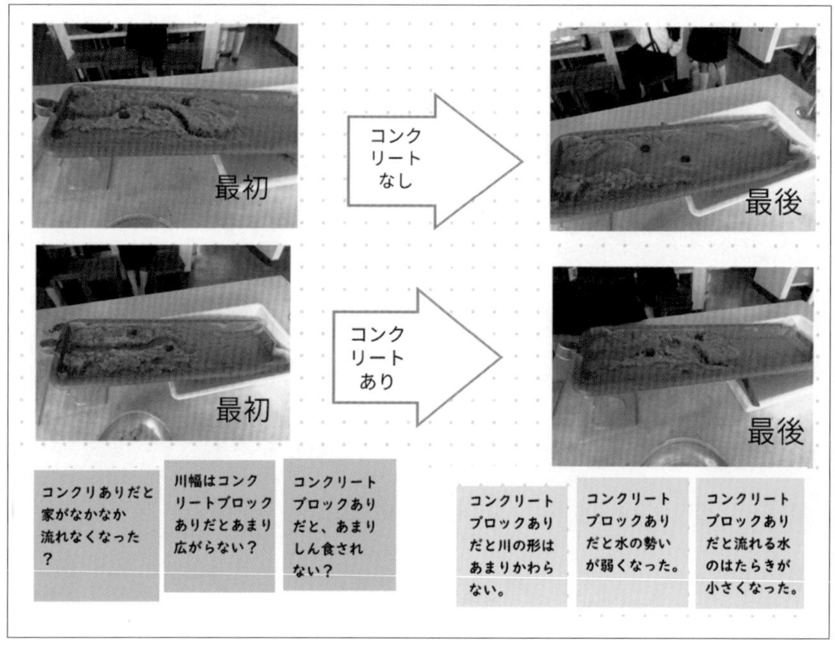

画面を共有して、他の班の実験結果を知ることで、効果的な方法が見えてくる。結果を踏まえて、考察をさせる。

・川のカーブに合わせてブロックを置くと浸食を防ぐ効果がある。

・川の流れを変えるときには水がぶつかる場所を考える必要がある。

実験を通して、身近で行われている防災のための取り組みが見えてくる。

（才野早苗）

5年❻ 天気の変化（7時間）

①

雲の様子を観察する

写真の撮り方を検討し、めあてをもって調べさせる

第１次　雲の様子と天気の変化（３時間）本時１～３時間目
第２次　天気の変化のきまり（２時間）
第３次　空気の変化（２時間）

❶ 観察に適した写真の撮り方を検討する（１時間目）

⑴ 教科書の写真から雲の様子の調べ方を読み取る

教科書には、同じ場所で違う時刻に撮った２枚の雲の写真が掲載されている。最初の写真の10分後に２枚目の写真を撮ったもので、雲の様子が時刻と共に変化していることを読み取ることができる教材となっている。

> ２枚の写真を比べて、わかったこと、気づいたこと、思ったことを発表しましょう。

児童からは、
・雲が右に動いている。
・雲の形はほとんど変わっていない。
・星の動きと同じなのかなと思う。
・形は少し変わっていると思う。
・同じ場所で撮影している。
などの発言が出される。ここで、４年で学んだ月や星の単元について、観察

の方法や注意点を思い出させる。

⑵ 教科書と同じように雲の写真を撮影させる

外に出て、学習者端末で雲の写真を撮影して観察させる。

1枚目の写真を撮った後、10分待つ間に、「雲は動くか」「どの方角に動くのか」「形や大きさは変わるか」を予想させたり、「この後、天気はどうなると思うか」を考えさせたりして意見交換させる。

2枚目の写真を撮り終えたら、理科室に戻って、Classroomに写真を提出させる。

⑶ 撮った写真の検討

まず、下のような写真を検討する。

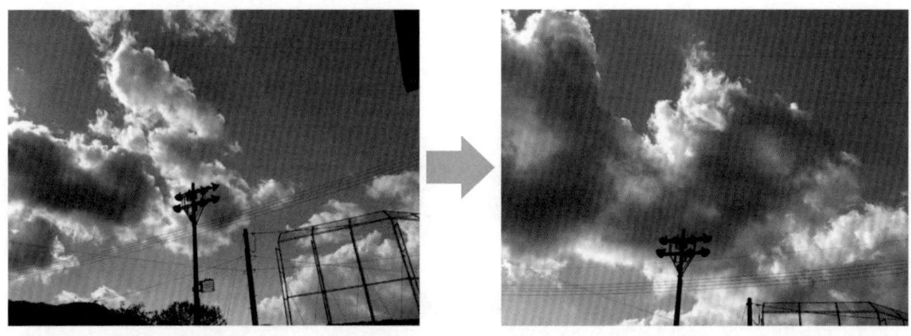

もっと比べやすくするためにはどうすればいいですか。

・照明を両方とも真ん中にすればよかった。
・同じ位置になるようにトリミングすればいい。
・カメラを固定して撮影すればいい。

次のページのように雲が映っていない写真についても検討する。

「雲のないところに雲が現れるかもしれないと思った」と考えた児童に対して、どうすればよかったか意見交換させる。

「10分間で雲が現れることは難しいので、雲が写真に入るように撮った方がよい」といった意見が出る。

⑷ 話し合いを踏まえて写真を撮影させる

検討後、再度撮影に向かわせる。このとき、最初に撮影した写真と同じ場所で、同じ方角を向いて撮らせると、雲の様子を比較することができる。

２回目の撮影では、撮る前に、入念にカメラを向ける方向を確認する様子が見られるようになる。

理科室に戻ったら、撮影時刻の違う写真を見比べて、雲の様子の変化について気づいたことをノートに書かせる。

「課題の確認」→「１回目の撮影」→「写真の検討」→「２回目の撮影」という活動を通して、時刻と共に変化する物を観察する方法を、体験的に学ばせることができる。

❷ 天気が変わるときの雲の様子を観察する（２・３時間目）

⑴ 問題をつかみ観察方法を考える

雲の様子と天気の変化にはどのような関係があると思いますか。
自分の考えをノートに書きます。

雲の様子には、「動き」「形」「色」「量」があることを確認し、前時に学習した10分間の雲の様子も踏まえて考えさせる。

・晴れから曇りになるときには、雲が集まってきて量が増えると思う。

・雨が降るときには、雲の色が黒っぽくなると思う。

天気が変わるときの雲の様子を調べるにはどうすればいいですか。

10分間の写真撮影では、天気がほとんど変化していなかったことから、もっと間隔をあけて写真を撮影する必要があることに気づかせる。

⑵ 写真を撮影して観察カードを書かせる

雲の観察をする場所を決めて、１回目の写真を撮らせる。

撮った写真を見ながら、観察カードを書かせる。

気づいたことを発表させて、この後、天気はどうなるかを予想して書かせる。

２～３時間後に、２回目の写真を撮影するように指示を出して、２時間目の授業は終わる（できれば、数時間おきに３回目まで撮らせるとより詳しい観察になる）。

３時間目の授業では、２回目に撮影した写真を見ながら、観察カードを書かせる。

日付	4月　22日
気温	16℃
天気	晴れ
雲・空のようす	
気づいたこと	長い雲が多い 雲がサーッと広がっている

カードが書けたら、雲の様子と天気を比較して考察させ、まとめを行う。

専科の授業では、数時間おきに観察カードを書かせることが難しかったが、休み時間等に写真を撮らせておくようにすることで、理科の授業時間内にカードを書かせることができるようになった。

空を見て雲の絵を描くことは難しいが、写真は瞬間を決められた範囲に切り取ってくれるので、どの子も抵抗なく絵を描くことができていた。

（奥田嚴文）

②　雲の動きと天気の関係を調べる

観察の結果と資料を活用して考察させる

第1次　雲の様子と天気の変化（4時間）本時2～4時間目
第2次　天気の変化のきまり（1時間）本時
第3次　雨や雲とわたしたちのくらし（1時間）

❶ 雲と天気の変化を学習者端末で記録する

⑴ ノートと学習者端末で記録する（2時間目）

時間がたつと雲の様子はどうなると思いますか。

・雲の位置が変わる。・雲の形が変わる。
・雲の量が変わる。
などと予想する。

予想を確かめるために、雲の色や形、動きを観察することを確認する。

観察に出る前に、右のような「ノートの型」を示して書き方を指導する。

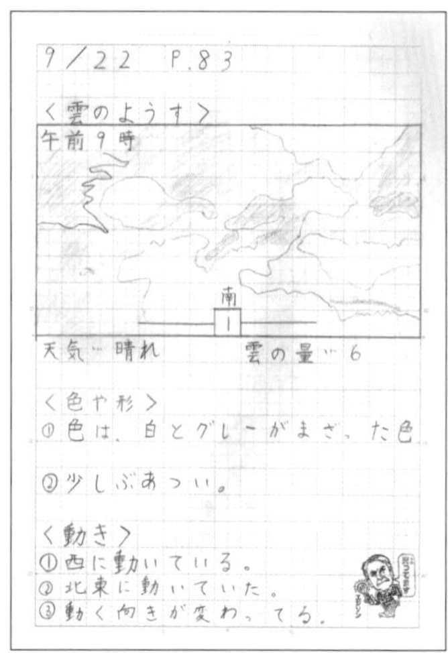

ノート、筆記用具、学習者端末を持たせて、外に出て観察を行う。学習者端末を使って、10分ごとに同じ位置で雲の様子を写真に撮らせる。10分の待ち時間に、雲の

様子をノートに記録させる。

児童が観察しているときに、教師用端末を三脚で固定し、タイムラプス動画を撮影しておく。

⑵ タイムラプス動画で確認する（3・4時間目）

時間がたつと雲はどうなるといえるか、班で撮影した写真や記録したノートを見せ合って話し合いましょう。

「雲の量がだんだん増えたので、量が変化するといえる」「雲の色が濃くなっていったので、色が変化するといえる」「雲の位置が東の方に動いていたので、西から東へ動くといえる」などと、様々な視点で考えさせる。

その後、発表させて、各班の意見を共有する。

このときに、「雲の量」や「雲の動き」など意見が違うところも出てくる。

そこで、タイムラプス動画を見せて、雲の様子を全体で確認する。

画面の方位について確認してから、タイムラプス動画を見せると、雲がどのように動いていたかがよくわかる。

❷ 学習者端末を使ったまとめ

ノートの観察記録を元に、学習者端末を使ってまとめさせる。

雲の観察結果をまとめます。どんな項目を入れるとよいですか。

・日付　・観察した時刻　・天気　・雲の量　・色や形　・雲の動き
・撮影した雲画像

出された意見の中から、前述の７項目は必ず入れるように指示してまとめさせる。

ミライシードのオクリンク等、機能がわかりやすいものを使ってまとめさせるとよい。

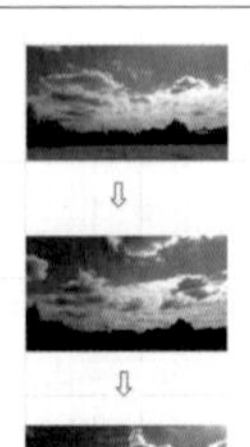

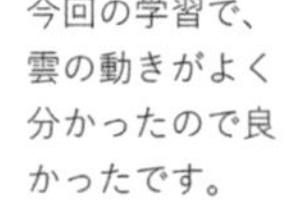

❸ 資料を調べて読み取る（第２次１時間目）

⑴ インターネットで検索させる

雲の動きや天気の変化には、きまりがあると思いますか。

・きまりがあると思う。雲が動く方向がきまっていると思うから。
・きまりはないと思う。天気予報もはずれることがあるから。

資料を使って、きまりがあるかどうかを調べます。

学習者端末でインターネット検索をさせて、教科書に掲載されている雲画像やアメダスの降水量情報、ライブカメラでどのような情報を調べられるかを確かめさせる。

雲の動きは雲画像、雨の降り方はアメダスの降水量情報を調べるとよいことを全体で確認する。

雲の動きと天気の変化にきまりがあるかを確かめるため、３日分の雲画像と天気を比較させる。検索した雲画像の画面をスクリーンショットして、スライドに貼り付けてトリミングさせる。

その日の気温や天気も検索させて、それらを雲画像の下に書き込ませると

右図のようになる。

比較して気づいたことをノートに書いて発表させる。

「雲がだんだん東に動いている」「雲が動いていくことで、天気が変わっている」

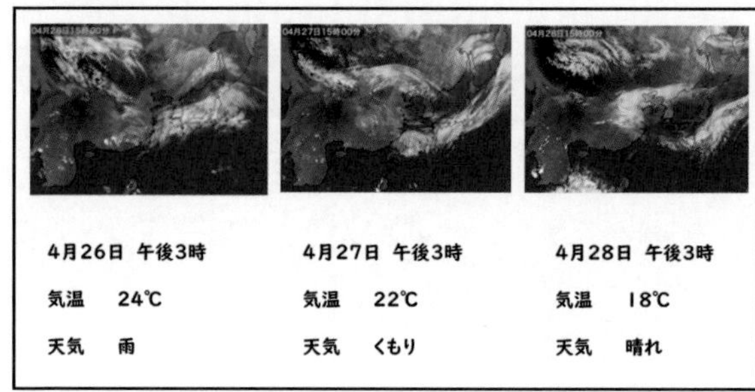

⑵ 教科書資料で確かめる

教科書には、日本の各地（４都市）の４日間における気象衛星による雲画像、アメダスの降水量情報、各地の空の様子が掲載されている。

各地の天気を表に書き込んで、天気の変化のきまりについて考察します。

教科書資料の天気の変化を、右のような表にさせる。

考察には、「雲の動き」と「天気の変化」の両方について書くように指示する。考察を発表させ、「雲は、西から東へ動いている」「天気も西から東へ変化している」という共通事項があることに気づかせる。

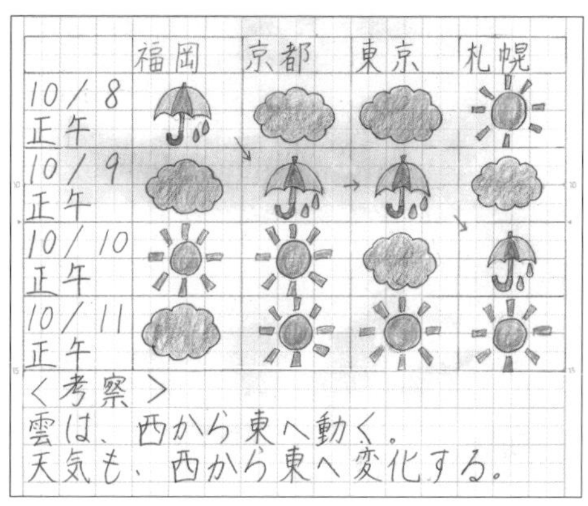

自分の考察に、「西から東へ」というキーワードが書かれていない児童には、付け加えて書くよう指示する。

さらに、NHK for Schoolの「天気の変化の決まり」の動画を見せると、雲の動きと天気の変化について確認することができる。

（家根内興一）

① 物が燃え続けるための条件を調べる

日常生活から見出した問題を調べ、日常生活に関連付けさせる

第１次　物が燃え続けるには（２時間）本時１・２時間目
第２次　物を燃やす働きのある気体（１時間）
第３次　空気の変化（４時間）

❶ 問題をつかむ（１時間目）

⑴ 教科書のイラストを使って考えさせる

教科書に右のようなイラストがある。

そこに、「遠足で飯ごうすいさんをしたとき、かまどのまきがうまく燃えなかったんだ」という男の子の言葉と、「私の班のかまどのまきは、よく燃えていたよ」という女の子の言葉がある。

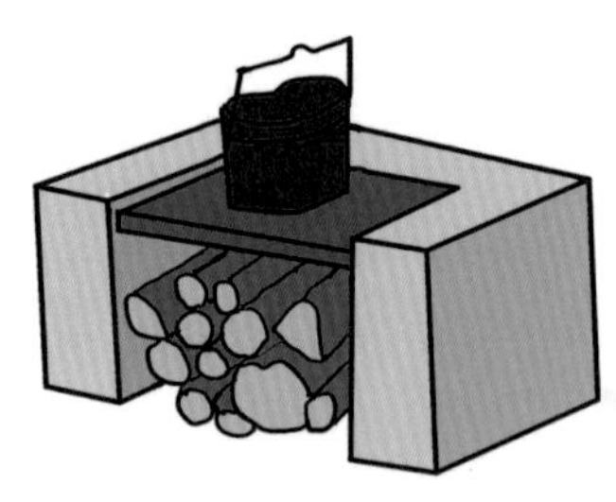

男の子のかまどはなぜうまく燃えなかったのでしょう。また、どこを直せばよく燃えるようになると思いますか。考えをノートに書きます。

「薪をつめこみすぎていると思うから、減らすとよいと思う」「いろいろな向きに積んですき間を作ると空気が通るのでよく燃えると思う」など、ノートに書いたことを発表させる。

⑵ 子どもの考えを次の課題に生かす

子どもたちの発表の中から、「空気が通るとよく燃える」といったキーワードを取り上げて次の課題を出す。

このとき、実験で使う実物を見せながら発問するとわかりやすい。

「空気が通るとよく燃える」という考えがありましたが、空気が通らない集気びんの中でろうそくを燃やすとどうなると思いますか。

「燃え続ける」「しばらく燃えてから消える」「すぐに消える」のどれか予想を書いて、なぜそう思うのかわけも書きます。

「すぐに消えると思う。空気が入れ替わらないので火が燃えることができないと思うから」「びんの中に空気が入っているので、しばらく燃えてから消えると思う」など、書いたことを発表させる。

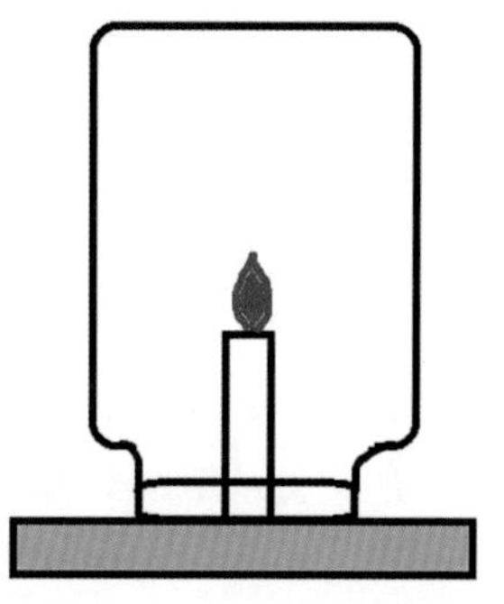

実際にやって見せて、しばらく燃えた後に消えることを確かめる。このとき、何秒間火が燃えていたのかを計っておくと、後の実験と比較できる。

❷ 問題・予想・計画

⑴ 問題を立てて予想する

「問題をつかむ」で考えたことや実験したことをもとに、これから調べる問題を立てる。

集気びんの中でろうそくを燃やし続けるにはどうすればよいかを、これから調べます。問題と予想を書きます。予想が書けたら、それを確かめるための方法を考えて書きましょう。

「集気びんの中でろうそくを燃やし続けるには、どうすればよいだろうか」という問題を書かせ、予想を書かせる。

「空気が入るようにすればよいと思う。そのために、集気びんの口を上向きにする」「空気が入れ替わるとよいと思う。集気びんの口を上にすると空気が出るので、空気が入るところも必要だと思う」など、書いたことを発表させる。

⑵ 計画を立てる

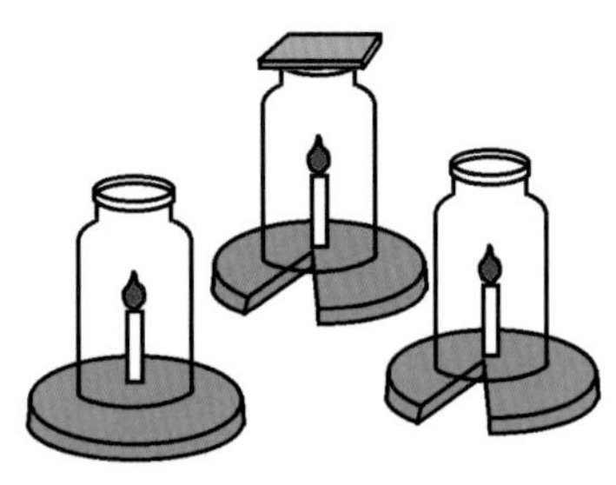

教科書の実験方法を参考に、実験の計画をノートに書かせる。

教科書には、３つの方法が載っている。この通りに計画させるやり方と、材料を同じにして自由に実験の計画を立てさせるやり方がある。

指導時数や学級の状況を考え合わせて計画する。

❸ 実験（２時間目）

⑴ 準備

前時の計画をもとに、必要なものを準備させる。このとき、学習者端末も準備する。

グループで、火をつけて集気びんをかぶせる係、線香の煙を近づける係、学習者端末で動画を撮る係、ノートに記録する係の分担を決めさせる。子どもの実態に合わせて、教師が係を決めてもよいし、実験ごとに係をローテーションしてもよい。

⑵ 実験

実験ごとに、「ろうそくの火は燃え続けるか」「線香の煙はどう動くか」について予想をノートに記録させる。

予想が書けた班から、実験にとりかからせる。動画を撮影しているので、結果の記録は実験後に動画を見ながら書かせてもよいが、直接見たときの気

づきを書かせると、より詳しい記録となる。

実験では、黒色の色画用紙を背景にすると、線香の煙の動きがよく見える。

❹ 結果・考察・まとめ

記録係のノートや撮影した動画をもとに、実験結果を書かせる。

このとき、上手に記録されているノートを教師用端末で撮影して全員に見せると、よりよいノートづくりの参考になる。

結果が書けたら、結果からわかったことを考察させる。このとき、最初に立てた問題「集気びんの中でろうそくを燃やし続けるには、どうすればよいだろうか」に対応させて書かせるようにする。

「集気びんの中でろうそくを燃やし続けるには、空気の出入り口をつくればよい」「集気びんの中でろうそくを燃やし続けるには、新しい空気に入れ替わるようにすればよい」など、書いたことを発表させる。

教科書の「まとめ」を読んで、ノートに写させる。「まとめ」の文と子どもたちの書いた考察を比較してよいところを評価する。

❺ 深める

教科書に、「炭を燃やして食べ物を調理するための道具」の工夫を問う問題がある。教科書の写真や自分の経験、実験結果をもとに考えさせる。

自分の考えを書かせるときには、「まとめ」の言葉を使わせると、わかりやすい説明になる。

「この道具の横にはたくさんのすき間があり、上は網になっている。このことによって、空気が常に入れ替わり、炭がよく燃えるように工夫されている」といった説明になる。

（上木朋子）

② 物を燃やす働きのある気体を調べる

実験結果を図で表して燃焼の仕組みを考察させる

第１次　物が燃え続けるには（３時間）本時１～３時間目
第２次　物を燃やす働きのある気体（１時間）
第３次　空気の変化（３時間）

❶ 様々な方法を考え、十分に体験させる（１時間目）

⑴ 炎を消す体験をさせる（１時間目）

ろうそくの火を消す方法を考えます。火傷をしないよう安全に、たくさんの方法を試します。やった方法とその結果をノートに書きます。

班ごとに、自由にろうそくの炎を消す体験をさせる。

子どもたちは、ろうそくを吹いて消すだけでなく、集気びんや理科室にあるガラスのびんなどを探して被せたり、濡れタオルを被せてみたりと安全に留意しながら炎を消していた。

自由に試させて記録させることで、経験や知識を蓄積させる。

⑵ 図で空気の流れを予想する

ろうそくの炎が燃えているとき、消えたときの空気の流れを図で表す方法を考えさせる。

本実践では、Skymenuの発表ノート（Sky株式会社）を利用した。

右図は、空気を○で表して、矢印や言葉で説明したもの。

ノートで作業させるよりも、学習者端末を使って自分がイメージした空気の動きを表現する方が、抵抗なく取り組むことができる様子だった。

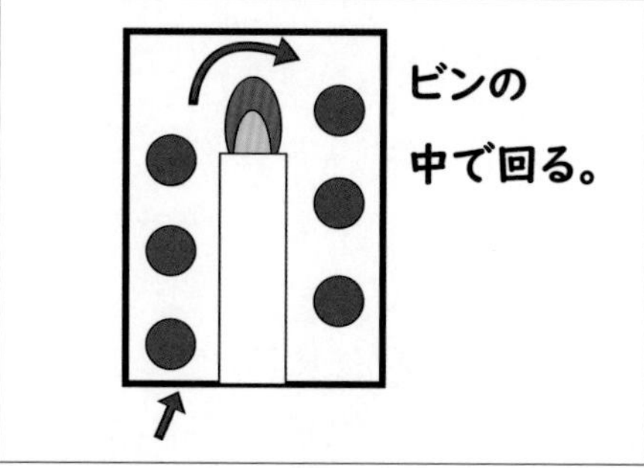

❷ 実験の結果を共有する（2・3時間目）

⑴ 空気の流れを調べる実験動画を共有する

前時に、粒子モデルの図で予想した空気の動きについて、実験を行って調べる。

火のついたろうそくに集気びんを被せ、線香の煙を近づけたときの様子を動画で撮影させた。

> ノートに図を書いて、動画を見ながら煙の動きを書き込みます。
> 図が書けたら、実験でわかったことを書きます。

線香の煙の動きを見るのは難しい。動画を撮っても、うまく見えないこともある。結果がわかりやすい動画を共有して、繰り返し見ることができるようにすることで、空気が流れる様子を捉えさせることができる。

⑵ センサーや気体検知管の実験データを共有する

> 酸素センサーや気体検知管を使って、ろうそくを燃やす前と燃やした後の空気を調べる実験をします。
> 記録係は実験の様子を動画で撮影します。
> 実験結果は、写真で撮影した後、Excelに数値を入力します。

実験の動画を撮らせるだけでなく、酸素センサーの数値や気体検知管の結果を写真撮影させることで、実験中にノートを出して記録する手間を省くことができる。

Teamsは、共同編集が簡単にできる。実験結果はExcelの共同編集機能を使ってリアルタイムで入力させた。(Googleスプレッドシートでも同様にできる)。

気体検知管がうまく扱えず、他の班と数値が大きく違ってしまう班が出ることがある。実験結果を共有することで、他の班の結果との違いに気づかせることができる。

❸ 深い学びのためのもう一歩の詰め

長いろうそくと短いろうそくを、１つのビンの中で燃やします。蓋をかぶせたら、どちらが先に消えるでしょう。

学級34名中「短い方が先に消える」と予想した子が23名、「長い方が先に消える」と予想した子が11名だった。

空気の流れを予想して、理由を発表させた。

「二酸化炭素は重く下に落ちるから、短い方が先に消える」と考えた子どもが多かった。

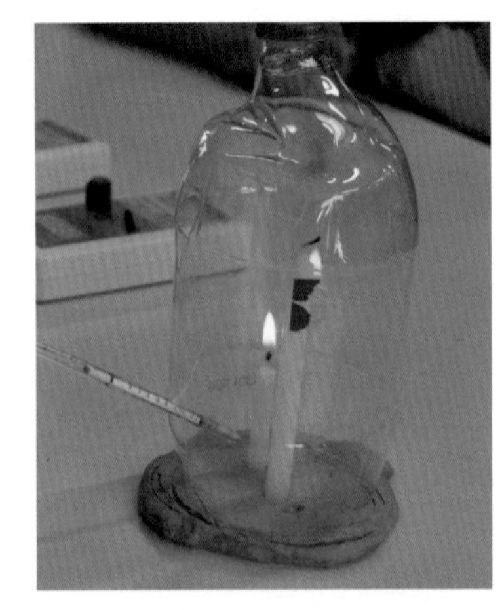

一方、長いろうそくが先に消えると答えた子の理由は、「温められた空気は上に上がるから消える」という考えだった。

実験した結果、人数に反して長いろうそくの方が先に消えた。児童からは「え！　なんで！」という声が上がった。

そこで、理由を確かめる方法を考えさせた。

これまでの経験から、センサーや気体検知管を使うという考えが出た。

上：17.9% 下：19.4%

センサーを容器の上下に２台入れて、酸素の濃度を比較する実験を行った。すると、酸素濃度は、上の方が先に減っていた。

酸素や二酸化炭素を○としてろうそくを燃やす前と燃やした後の空気の様子を図で表します。

１時間目は○を空気の粒として図を書かせた。

本時は、○を酸素や二酸化炭素として図を書かせる。

図を書く前に、前時に学んだ「物が燃えると、空気中の酸素の一部が使われて、二酸化炭素ができる」ということを確認する。

学習者端末を使って、繰り返し図を書かせることで、目に見えない気体をイメージすることに慣れてきている様子だった。

児童が書いた図を共有して、互いのよさを見つけさせた。

燃やす前

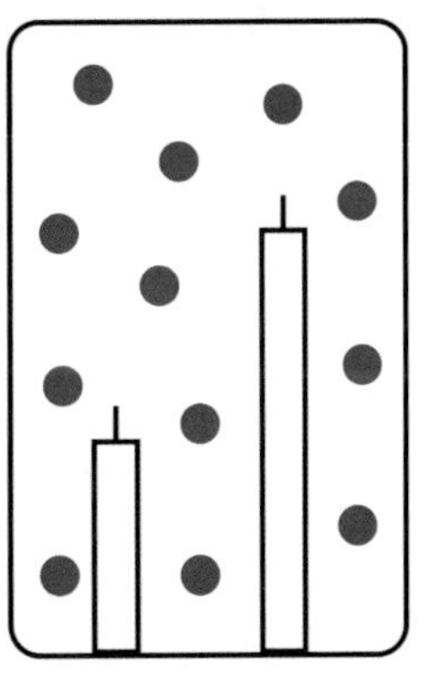

長い方が消えたとき

短い方も消えたとき

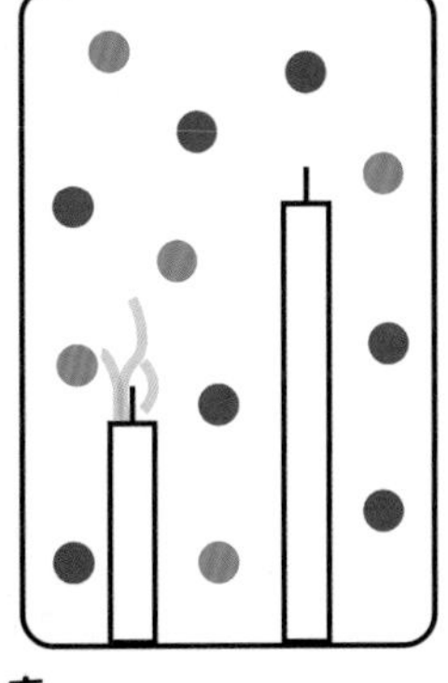

● 酸素　● 二酸化炭素

（山内英嗣）

①実験結果を交流しながら水溶液の性質を調べる

Teamsや動画編集を活用して結果を発信させる

第１次　水溶液に溶けている物（４時間）

第２次　酸性・中性・アルカリ性の水溶液（２時間）本時

第３次　金属を溶かす水溶液（５時間）

❶ 自由に実験をして問題を見つける（１時間目）

⑴ 演示実験で関心を高める

「色水あそび」から授業する方法を紹介する。(参考:『簡単・きれい・感動!! 10才までのかがくあそび』小森栄治著　学芸みらい社)

準備するのは、３つのビーカーかプラスチックカップ、希釈したBTB溶液、重曹、クエン酸。重曹やクエン酸は、100円ショップでも手に入れることができる。

１つ目の容器には、希釈した緑色のBTB溶液を入れる。

(容器の６分目ほど)

２つ目の容器には、子どもたちから見て入っていることがわからないくらい少量（耳かき１杯程度）の重曹を事前に入れておく。

３つ目の容器には、少量のクエン酸を事前に入れておく。

緑色の水溶液を用意しました。メロンソーダのようですね。
これを、空の容器に入れます。

(BTB溶液を3分の2ほど入れて、3分の1ほど残しておく)
なんと、メロンソーダがブルーハワイになりました。

子どもたちから、歓声が起こる。

ブルーハワイのようになった水溶液を、3番目の容器に入れます。(青色の水溶液を半分入れて、半分は残しておく)
今度は、レモンソーダになりました。

子どもたちからさらに歓声が起こる。
「種も仕掛けもあります。やってみたいですか」
子どもたちは、喜んで実験に取り組む。

⑵ 学習者端末を活用して実験から問題を見つけさせる

「空っぽに見えたコップには、重曹とクエン酸が入っていました」と仕掛けを説明する。ここでのポイントは、重曹とクエン酸をどれくらい入れたのかは説明しないことである。

演示実験を動画撮影しておくと、見せながら説明することができる。

この実験を各班で再現します。
わかったことや実験動画をTeamsにアップします。

安全のため、保護メガネを着用するよう指導する。

演示実験の動画もTeamsにアップロードしておくと、動画を確認しながら実験させることができる。

重曹とクエン酸を入れる量を教えていないので、「重曹を入れすぎたから、クエン酸を入れてもなかなか黄色にならない」など、試行錯誤する様子が見られる。

自由に実験させると、「黄色から緑色に戻してみよう」などと、調べたいことを見つけて確かめるようになる。

各班の実験の動画や気づきがTeamsにアップされると、自分たちもやってみたいことが見つかって、実験のバリエーションが増える。

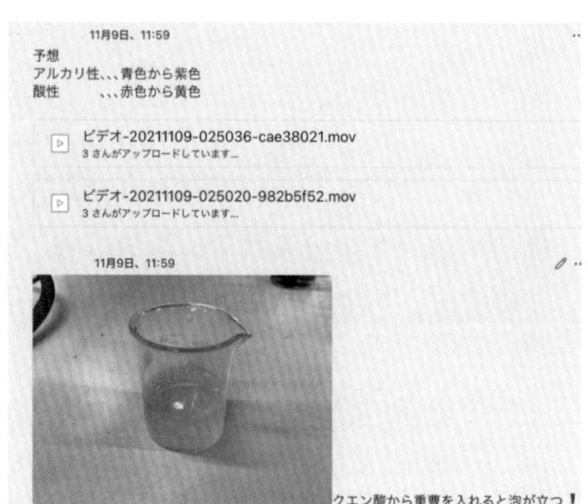

次のような意見が発信された。

・クエン酸で、緑色から黄色に変えることもできる。

・クエン酸と重曹を混ぜると、炭酸みたいに泡がジュワジュワなった。

・クエン酸と重曹を混ぜたら最初の緑になった。

実験をして、疑問に思ったこと、調べてみたいと思ったことをノートに書きます。

・なぜ、重曹は青色でクエン酸は黄色になるのか。

・他の物を混ぜても色が変わるのか。

・緑色の水溶液は何からできているのか。

たっぷり実験をさせることで、次時につながる疑問が出される。

ここで、緑色の水溶液はBTB溶液であること、BTB溶液は、中性のときに緑色、アルカリ性のときに青色、酸性のときに黄色になることを説明する。

前の時間に５種類の水溶液を使って実験しましたね。

この５種類の水溶液は、酸性、中性、アルカリ性のうちどの性質なのかを次の時間に調べます。

第１次で５種類の水溶液について実験したことを想起させた後、児童から出された疑問について、次の時間に実験して調べることを知らせる。

❷ リトマス紙を使って調べる（2時間目）

⑴ 実験動画を撮影して編集させる

リトマス紙の使い方を説明して、5種類（食塩水、石灰水、アンモニア水、塩酸、炭酸水）の水溶液の性質を調べさせる。

実験の様子を動画撮影して記録します。

第1次の「水溶液に溶けている物」で行った実験も動画撮影させておくことで、水溶液の見分け方を紹介する動画づくりをさせることができる。

学習者端末には、動画編集ができるアプリがインストールされていることがある。iPadの場合、iMovieやClipsがある。

子どもたちに、カットやテロップの基本的な機能や動画のつくりについて教えて、実験で撮影した動画を編集させることで、わかったことをまとめられる。筆記作業が苦手な児童がここで活躍できることもある。

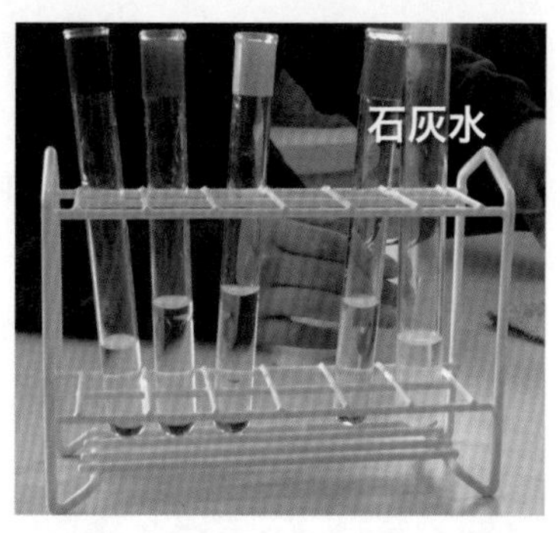

⑵ サムネイルづくり

サムネイルとは動画サイトの見出しの画像のことである。人に見てもらいたいようなサムネイルにするためにタイトルや背景などを工夫するよう指導する。

ペイントアプリなど、児童が必要なアプリを選択して作るようにさせると、情報活用能力の育成につながる。

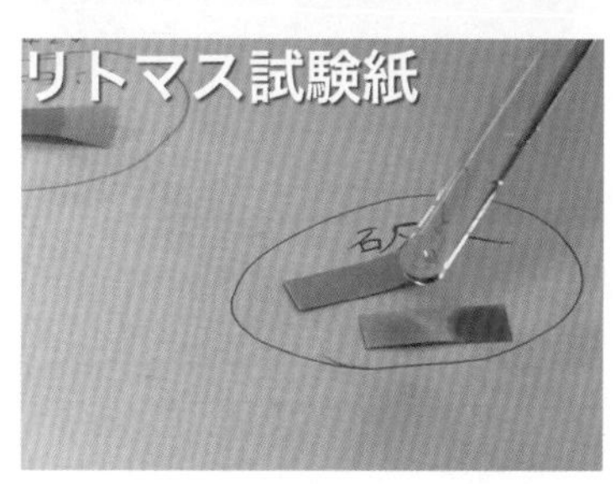

（山内英嗣）

6年③ てこの規則性（10時間）

①てこの規則性について調べたことをまとめる

実験の様子の写真を活用してスライドで表現させる

第1次　てこのはたらき（8時間）本時2～5時間目

1　てこについて知ろう

2　てんびんの秘密を調べよう

第2次　てこの利用（2時間）

❶ てんびんのつり合いを調べる（2・3時間目）

⑴ てんびんのつり合いを定義する

てんびんとは何ですか調べなさい。

教科書や学習者端末で調べさせて、発表させる。

「はかりのこと」

「人間がはじめて使ったはかりなんだ！」

「理科室には上皿てんびんがあるね」

てんびんがつり合うとは、どんなときですか？

「左右で同じ重さになっとき」

「水平になったとき」

ここで、「水平＝つり合う」という定義をしっかりとおさえる。

⑵ つり合いの秘密を調べさせる

左のうでの一番端におもりを１つぶら下げます。
つり合うには、右の腕のどこにぶら下げればいいですか。

「右のうでの一番端」

水平になりましたね。
てんびんがつり合ったら、学習者端末で写真を撮って記録します。
てんびんがつり合うのはどんなときかについて調べつくしなさい。

「左のうでの一番端におもりを１つ」と限定する。限定することが条件制御になる。

てんびんが水平になったら写真で記録させる。撮影するときには、背景スクリーンを置かせる。工作用紙を２枚つなぎ合わせたものを背景スクリーンとして使う。工作用紙は１センチ方眼になっているので、大きさや位置がわかりやすい。

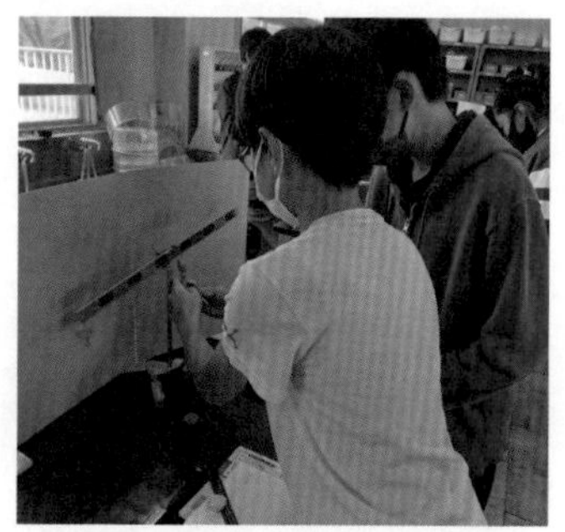

▲予想しながら…

撮影は、それぞれの学習者端末を使って、交代で全員が行う。データが一人一人の学習者端末に残るので、振り返りに役立つ。何度も撮影することで、技能が向上するというよさもある。

全員に撮影させることで、友達と協力しながら撮影する様子が見られた。

▲学習者端末で記録

つり合ったてこの写真をたくさん撮らせることで、つり合いの秘密に気がつく。

自由に試すことで（自由試行）、支点との距離と重さの関係が見えてくるのである。

❷ てんびんのつり合いをまとめる（4・5時間目）

てんびんがつり合うのはどんな時か、3枚の写真で説明しなさい。

班の中で写真を見せ合いながら簡単に説明させる。自分が撮った写真で説明し合うことで、つり合いの秘密がはっきりする。その後、次の課題を出す。

てんびんがつり合う秘密をスライド5枚でまとめなさい。

まとめる前に、ノートに以下のような簡単な構想メモを書かせる。

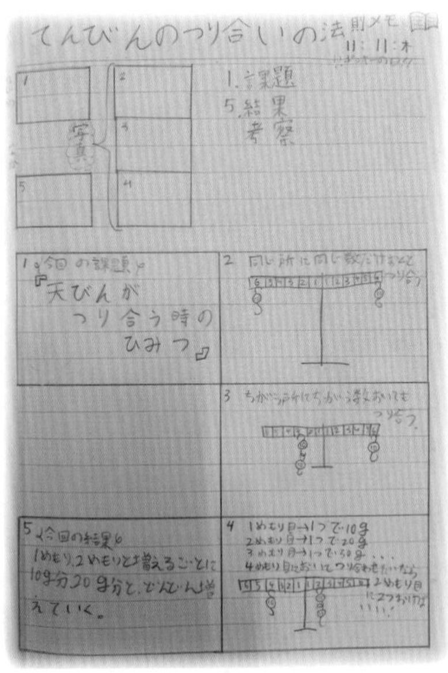

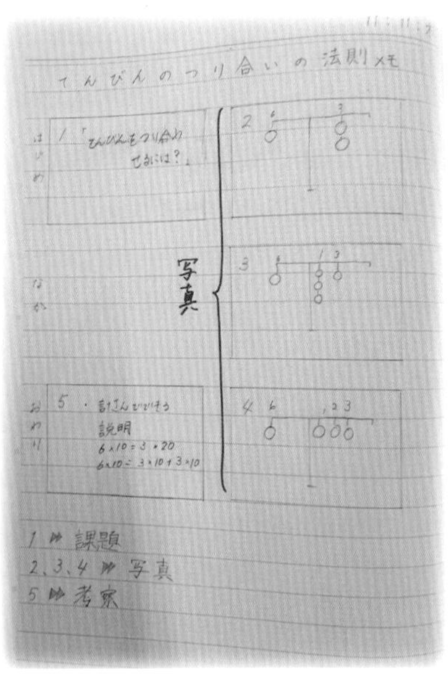

次ページが、出来上がったスライド。1枚目に課題、2～4枚目が実験、5枚目が結果と考察となる。

6枚目は、「てこを利用した道具」の学習後に作る。

①課題

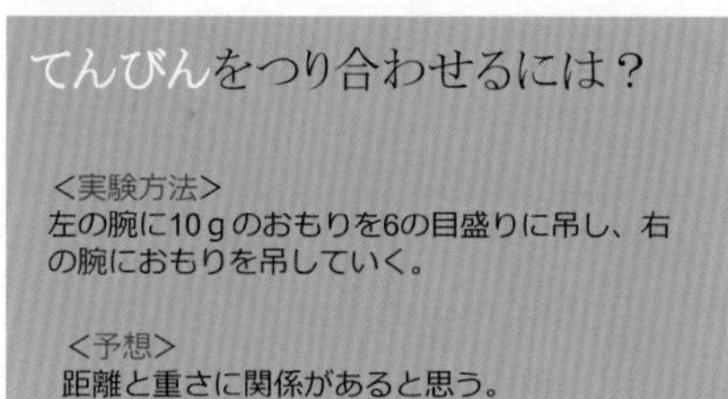

②実験１

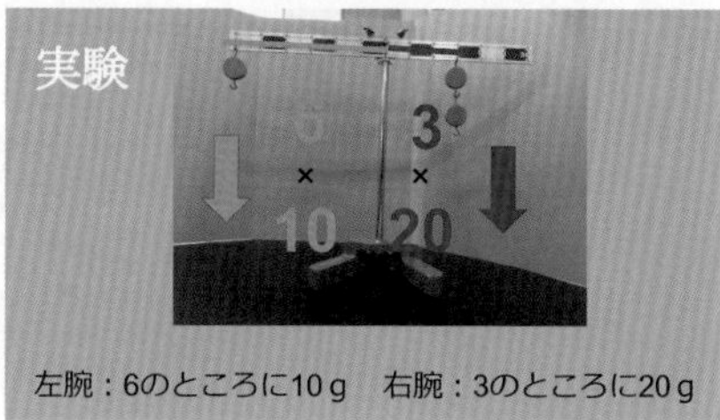

③実験２

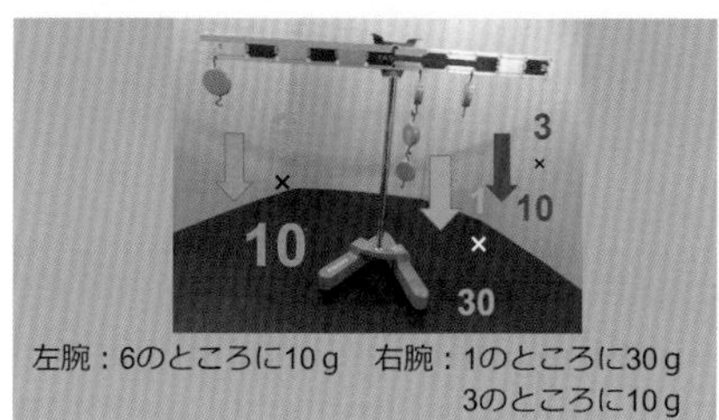

④実験３

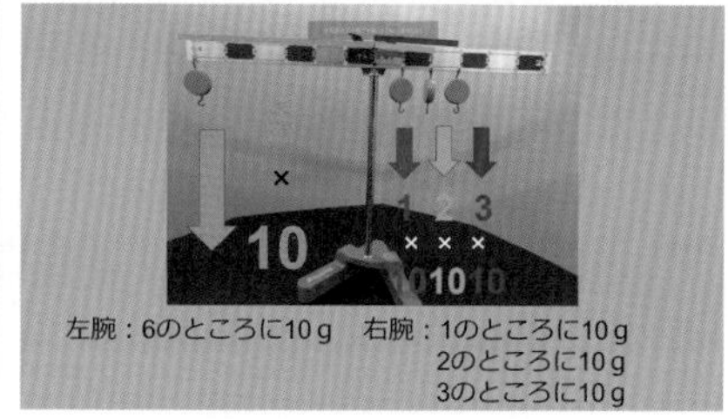

⑤まとめ

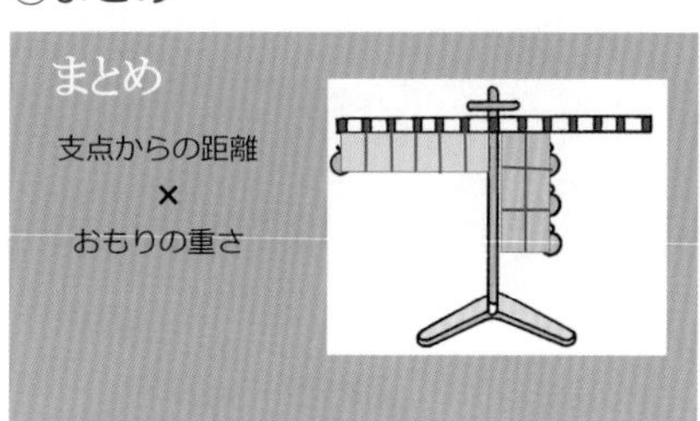

⑥理科の日常化 ※単元の終わりに作る

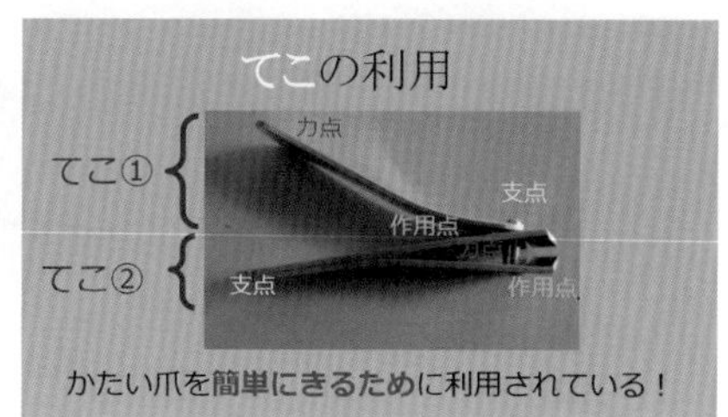

（千葉雄二）

★注記　教科書には「てこが水平につり合う」とあるが、本実践では「てんびんのつり合い」として扱った。

6年4 電気の利用（10時間）

① 様々な発電の仕組みを調べ日常生活に関連付ける

インターネットを活用した調べ学習で
生活との関連に気づかせる

第1次　電気をつくる（2時間）
第2次　電気の利用（2時間）本時2時間目
第3次　電気の有効利用（6時間）

❶ 発電方法の調べ方を示す

(1) 発電方法について考えさせる

みなさんの使っている電気はどこからきますか。

知っている発電所などを発表させる。

・火力発電所　・風力発電所　・太陽光パネル　・水力発電所　など。

一番たくさん電気をつくっているのは、どの発電所だと思いますか。

予想させた後、グラフを見せて、感想を言わせる。

・火力発電所がこんなにたくさんつくっていると思わなかった。環境に悪そうだ。
・太陽光発電や風力発電は少ないのかな。

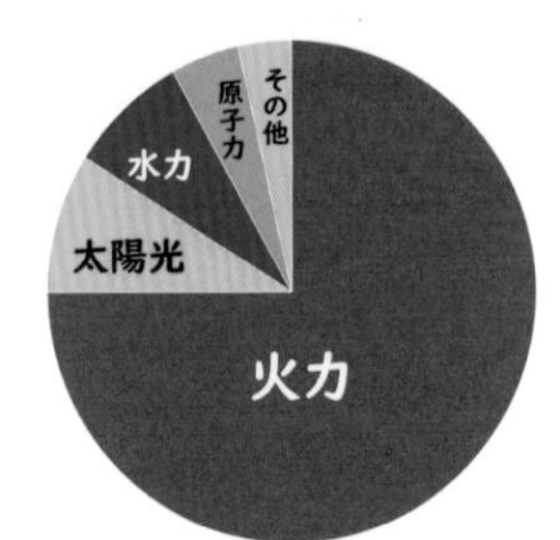

資源エネルギー庁
「総合エネルギー統計」を基に作成（2020年度）

⑵ 動画を使って発電方法の調べ方を例示する

みなさんの使っている電気のつくられ方を調べます。電力会社の動画を見て、わかったことをノートにまとめます。

途中で動画をとめてポイントを押さえながら進める。

関西電力の動画「ナンデンカンデン劇場」の第１話（５分36秒）と第２話（５分50秒）の一部を用いた例を挙げる。

Ｔ：手回し発電機でモーターの軸を回すことで発電ができました。
　では、火力発電所ではどうやって発電しているのかを見ます。（第１話の２分47秒から動画を流し、ポイントとなる説明が終わる３分で止める）

Ｔ：何の力でタービンを回すと言っていましたか？

Ｃ：燃料を燃やした蒸気の力。

Ｔ：タービンが回ることで発電機の軸が回り、電気がつくられます。手回し発電機のモーターの軸を回して発電したのと同じ仕組みなのです。

Ｔ：続きの動画を見ます。（火力発電所の特徴がわかる３分11秒まで）

Ｔ：どんな特徴がありましたか。

Ｃ：燃料をこまめに補給しないといけない。

Ｔ：火力発電のメリット・デメリットの動画を見ます。（第２話の２分23秒～３分４秒まで）

Ｔ：ノートに火力発電についてまとめます。（まとめるべき項目を板書する）

ナンデンカンデン劇場
第１話「恋は発電と一緒!?」（関西電力）

火力発電所　（ノートの例）
①発電方法
　燃料を燃やした蒸気の力でタービンを回して発電をする。
②特徴
　燃料をこまめに補給する必要がある。
③メリット
　安定的に発電できる
④デメリット
　燃料が自給できない。
　二酸化炭素の排出量が多い

❷ 自分たちで発電方法を調べさせる

⑴ 班で調べる内容を決めさせる

火力発電所以外の発電方法をインターネットで調べます。
どの発電方法を誰が調べるか、班で話し合います。

1人が1つの発電方法について調べ、班の中で調べたことを教え合えるようにする。

水力発電所、原子力発電所、太陽光発電所、風力発電所、地熱発電所など、調べるとよい発電方法を示して選ばせるとよい。

⑵ 1人1台端末を使って調べさせる

自分が担当する発電方法を調べて、ノートにまとめます。
まとめ方は、火力発電所と同じようにします。

インターネットを使って調べるときには、公的機関や信頼できる機関のサイトを使わせる。経済産業省や電気事業連合会、各地の電力会社のエネルギーに関する学習支援サイトのリンク集を作っておくとよい。

（北海道経済産業局のリンク集は、教材や学習支援サイト、データ資料が充実している。https://www.hkd.meti.go.jp/hokpw/enekan/index.htm）

教師が机間巡視し、わかりやすいサイトを見ている児童がいたら、クラス全体に共有する。

ノートにまとめる際、図やイラストを使うなど、わかりやすく工夫してよいことを伝える。上手にまとめている児童のノートを教師用端末で撮影して紹介すると参考になる。

早く終わった児童には、班のメンバーが調べていないその他の発電所についても調べるように指示する。

⑶ 調べたことを発表させる

班の中で、それぞれが調べたことを順に発表させる。

ノートにまとめた物を写真に撮って、学習者端末で共有すると見やすい。

時間があれば、班の中で上手に発表できた児童に全員の前で発表させる。

風力発電所　　（ノートの例）
①発電方法
ブレードが風を受けて回転する動きを利用して発電機が回ることで発電する。
②特徴

ブレード
増速機
発電機
可変ピッチ機構
方位制御機構

⑷ エネルギーミックスについてまとめる

エネルギーミックスについての動画を見せる。（「ナンデンカンデン劇場」第2話4分36秒～5分16秒）

ナンデンカンデン劇場
第2話「発電もワンチーム!?」
（関西電力）

T：水力発電と原子力発電が、24時間一定の電気をつくっているのはなぜですか。

C：低いコストで電気をつくれて二酸化炭素も出さないから。

T：風力発電や太陽光発電の発電量が、多くなったり少なくなったりしているのはなぜですか。

C：天候や時間帯に左右されるから。

T：火力発電の発電量は、どのようにして決めているのですか。

C：水力・原子力・風力・太陽光を合わせた発電量と、みんなが使う電気の量との差を見ながら、火力発電が必要な分を決めて電気をつくっている。

T：エネルギーミックスとは何ですか。

C：様々な発電を組み合わせて生活に必要な電気をつくること。

（松浪由起）

② 日常生活の中のプログラミングの利用を調べる

センサーの働きから電気の効率的な活用に気づかせる

第１次　電気をつくる（２時間）
第２次　電気の利用(２時間)
第３次　電気の効率利用（５時間）本時１～３時間目
第４次　電気を利用したものをつくろう（３時間）

❶ モノを見せて、センサーに気づかせる

「今日は、良いものを持ってきました！」と言いながら、ポケットからライトを出して光らせる。「明るい！」という声があがる。

このライトは発光ダイオードです。またの名をアルファベット３文字でなんと言いましたか？　ノートに書きなさい。

書かせている間に、ライトのセンサーが反応しないよう、壁に向けて置いておく。

書けた子に発表させる。正解はLED。前の時間に豆電球とLEDの点灯時間の比較をしているのでどの子も正解だった。(QRコードから、センサーライトが点いたり消えたりする動

画が見られる)。

「LEDは豆電球より効率よく電気を使えるのでしたね」と言いながら、教師がライトに向けて視線を向ける。子どもたちも自然とライトを見る。そこで子どもたちは驚く。明かりが消えているのだ。

「あれ？　さっきまで明かりが点いていたのに消えている！」

教師がライトに近づくと、再び点灯した。「点いた！」と歓声があがる。またライトを壁に向けて置いておくと10数秒で消える。

ある子が声をあげた。「センサーだ！　センサーがついているんだ！」

この発言を引き取り、次のように説明し、発問した。

これは、センサーライトです。人が近づくと、自動的に点灯します。人がいなくなると自動的に消えます。人感センサーと言います。

ライトに人感センサーがついていることで、どんないいことがありますか。

「必要なときだけ明かりが点くので無駄がない」「消し忘れを防ぐことができる」「明かりを点ける手間が省けて便利」などの意見が出る。

使用したライトは、「乾電池式LEDセンサーライトハンディタイプ ISL3HN ブラック」。値段は1000円程度。ホームセンターで購入できる。

❷ 身のまわりから、効率よい電気製品を探す

この他に効率よく電気を使っているものが、身のまわりにはたくさんあります。

例えばこれです。なんの写真ですか。

街灯である。学校の近くの街灯を事前に撮影しておき、提示する。

暗くなると自動的に明かりが点くことから、「明るさセンサー」が使われていることを確認する。

> 他に電気を効率的に使っているものをノートに書きなさい。

５分程度ノートに書かせたら、班ごとのJamboardにアクセスさせる。ノートに書いたものをJamboardで交流させる。

「トイレの照明」「お風呂の湯沸かし器」「電気ポット」「炊飯器」「スマートフォン」などが出された。

出されたものを、センサーの種類ごとに分類させた。「センサーで動くものって、たくさんあるんだね」とつぶやく子がいた。授業で使用したJamboardはQRコードからコピーを作成できる。

❸ センサーを使ってプログラミング体験

コンピュータへの指示をプログラムと言い、プログラムを作ることをプログラミングと言います。

みなさんも、プログラミングで、器具を動かしてみましょう。

学習者端末でマイクロビットを使用した。

プログラミングにはプログルというサイトを用いた。

（https://rika.proguru.jp/＃右のQRコードから解説動画が見られる）

プログルのサイトにアクセスしたら、「＋」マークをクリックしてプログラミングを始める。

明るさセンサーで暗くなると明かりが点くプログラミング（本書92ページ参照）と、加速度センサーで振ると明かりが点くプログラミング（右図）に取り組ませた。

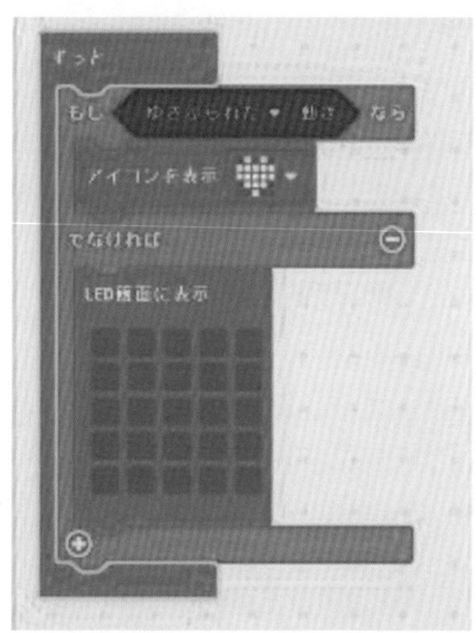

右図のプログラムをマイクロビットにダウンロードすると、揺さぶったときにハートマークが点灯する。

（塩谷直大）

6年4　電気の利用（12時間）

第1次　電気を作る（2時間）
第2次　電気の利用（2時間）
第3次　電気の有効利用（5時間）本時2～5時間目
第4次　電気を利用したものを作ろう（3時間）

❶ ボタンでライトが点くプログラムを作る（2時間目）

本実践では、イギリスのBBCが開発した安価なプログラミング教材、マイクロビットを使用している。マイクロビットには、光・温度・コンパスセンサーがついている。本校は、ナリカの電気の利用プログラミング学習セット MB-α（基盤に人感センサーのついたもの）を使用している。

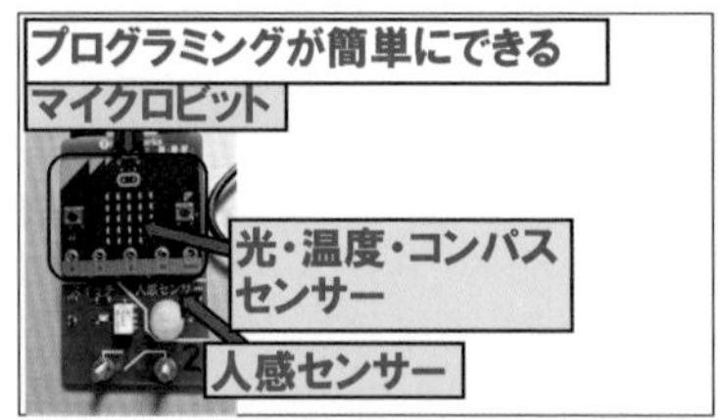

すべてが（無償プログラミングツール：https://makecode.microbit.org/）で動作する。

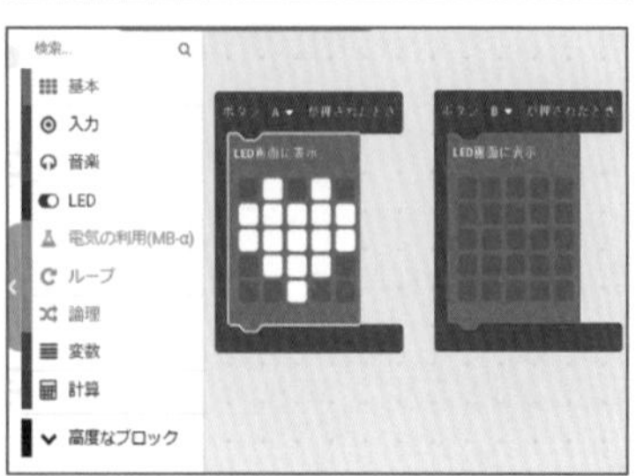

ボタンを押すとハートの形にLEDが点くようにプログラムしよう。

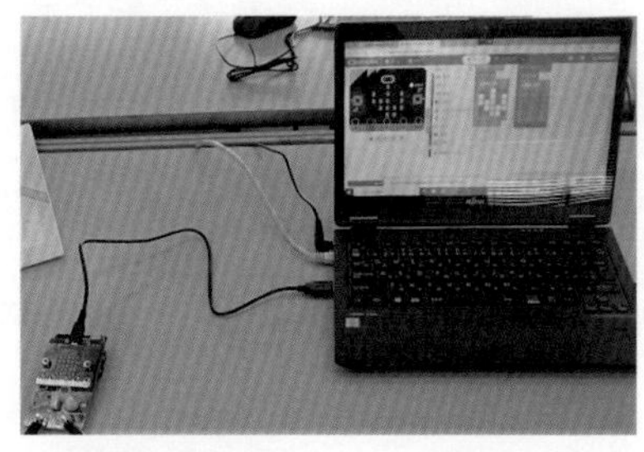

前ページのようなブロックの組み合わせで、簡単にプログラムが作成できる。

できたプログラムを、web上でシミュレーションすることができる。

そのため、オンライン授業になったときには、家庭でも学習できるという利点がある。写真のようにUSB接続をして、プログラムを、マイクロビットにダウンロードする。マイクロビットのAボタンを押して、実物のマイクロビットのハートの形のLEDライトを点けたり消したりできる。

❷ センサーのフローチャートを書きプログラムする（3時間目）

(1) フローチャートを使って表す

フローチャートとは、「手順を図で表したもの」である。右図のような記号の意味（◇は分岐など）を教え、センサーの仕組みをフローチャートで表す活動をする。

例えば「暗くなると明かりが点くという仕組み」は、図のように表すことができる。

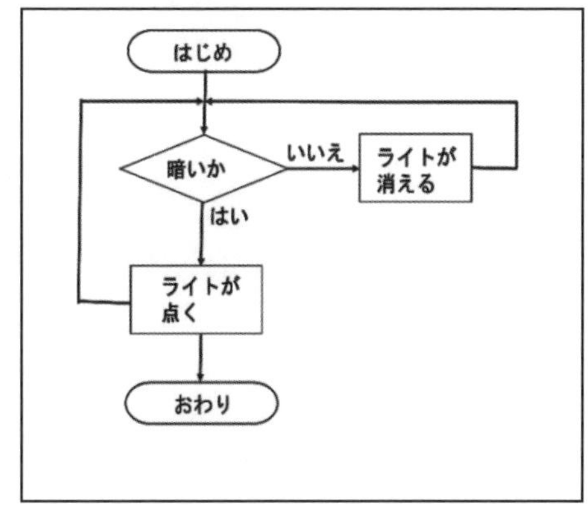

(2) センサーを体験する

暗くなったらLEDライトが点くように、プログラムしよう。

「もし～なら、もし～でなければ」というブロックを使って作ることができる。光センサーの機能を使って作るプログラムである。

さらに、人感センサーも使い、実用化されているプログラムを考えさせていく。同時に、フローチャートに書き表す活動もする。

暗くなって、人が動くとライトが点くように、プログラムしよう。

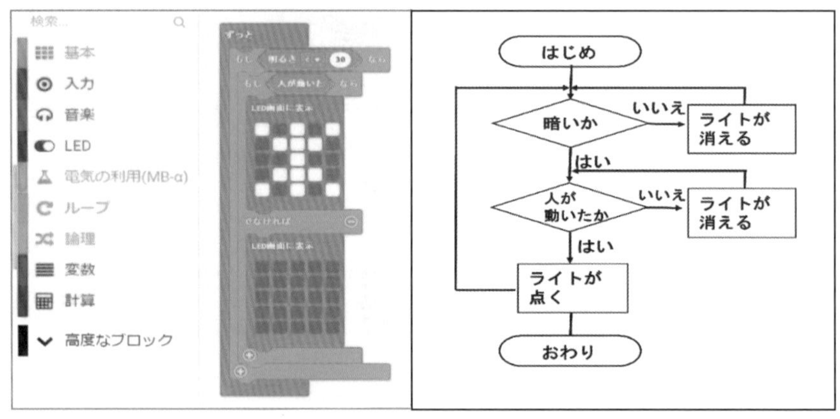

フローチャートにかくと、上右図のようにかき表すことができる。また、上左図がブロックを使ってプログラムしたものである。

ダウンロードして試す。写真のように明るいと、人感センサーを反応させても点かないが、黒いカードで光を遮って暗くし、人の動きを感じると点く仕組みを体験できる。

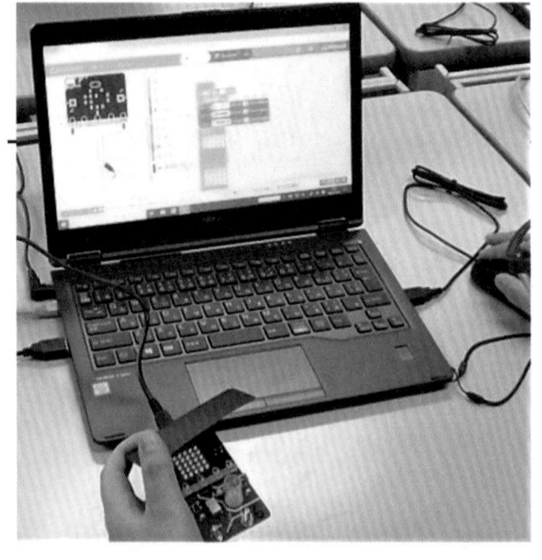

❸センサーを使い、実物の回路で実験する（４時間目）

回路を作り、明かりを点けましょう。

実物（豆電球、電池、導線）を使って回路を作り、明かりを点ける。

作ったプログラムを試してみましょう。

プログラムをダウンロードしたマイクロビットをつなぐ。「暗くなって人が近づくと明かりが点くプログラム」を実際の豆電球を点けたり、消したりして体験することができる。

❹ 揺れを感知するセンサーを使う（5時間目）

応用実験をする。実生活に役立っている「地震で揺れるとスイッチが切れるプログラム」を作り実験する。

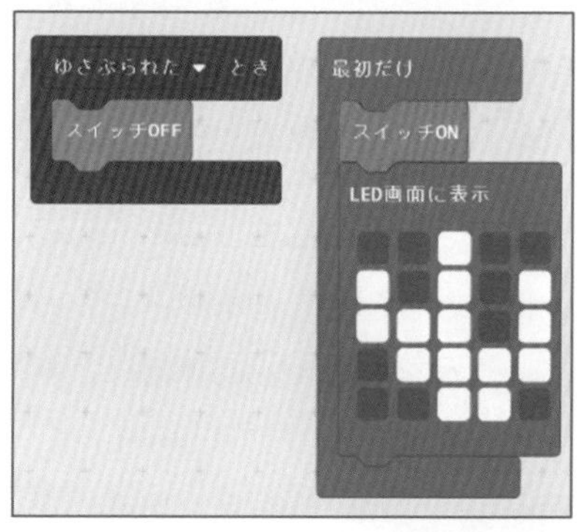

地震で揺れたら、スイッチが切れるストーブになるように、プログラムしよう。

地震が来ると消えるストーブを、揺れを感知するセンサー（加速度センサー）を使ってプログラムする。図のように、LEDで炎の形を描く。マイクロビットを傾けると、揺れを感知するセンサーが働き、スイッチが切れる仕組みができる。最後は、自由にプログラミングさせると、地震が来ると非常ベルの音楽が流れる工夫をする児童も現れる。

電気の利用②

電気の利用③

右のQRコードでは、指導案・授業コンテンツ共有サイトTOSS LAND（https://land.toss-online.com/）の中の「電気の利用」単元の授業指導案にアクセスできる。

（関澤陽子）

6年5　植物の養分と水の通り道（7時間）

①様々な植物を使って水の通り道を調べる

班ごとに選んだ植物を調べた結果を交流し考察させる

第1次　水の通り道・蒸散（4時間）本時1・2時間目
第2次　植物と日光との関わり（3時間）

❶ 実験、観察の様子を写真で記録する

(1) 実験・観察の準備

植物の水の通り道を調べるために、色水を準備する。専用の植物染色液を使うとよい（500mLで約2,000円）。どの植物も、切り口を水の中でもう一度切る（水切りをする）と、水の吸い上げがよくなる。

教科書に載っているホウセンカの場合、根っこから掘り起こして、前日から色水につけておくと、根から葉の先まで染まる。

その他に、観察しやすい植物も用意するとよい。アスパラガスとブロッコリーは1時間前に、セロリは授業開始時に色水につければ観察できる。

(2) 予想し、実験・観察の計画をする

準備した植物を見せて、班ごとに観察したい植物を選ばせる。

植物が根から取り入れた水の運ばれ方を調べます。
選んだ植物の茎や葉のどこが赤くなっていると思いますか、予想しましょう。

・茎の中心が赤くなっていると思う。
・葉のすじが赤くなっていると思う。
・茎全体が赤くなっていると思う。

セロリを使うときには、からだのつくりに注意する必要がある。茎に見える部分は葉柄（葉の一部）なので、児童に説明するときには、「茎」と説明しないようにする。

根や茎、葉の中を観察するには、どうすればよいですか。

それぞれの植物をどのように切って観察すればよいか、意見交換させて、実験・観察の方法を確認する。

(3) 実験・観察し、記録する

カッターマットの上に紙を敷き、カッターナイフやピーラーで切って、観察させる。その後、学習者端末で写真を撮って記録させる。

〈セロリ〉

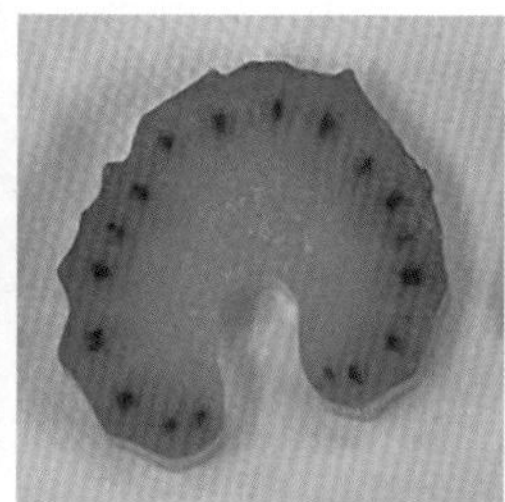

〈ブロッコリー〉

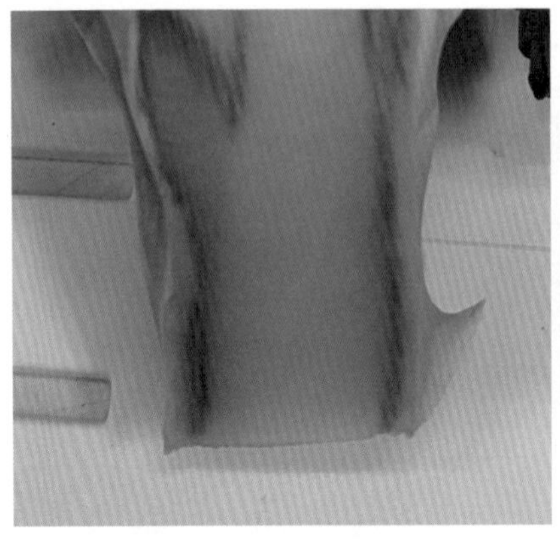

〈アスパラガス〉

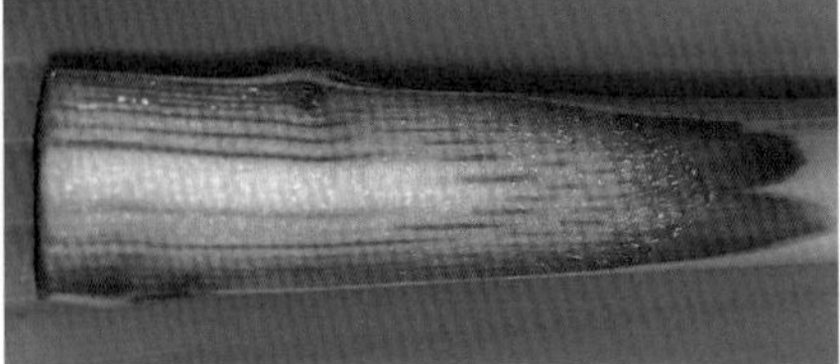

❷ 実験、観察の結果を共有し、共通性を話し合う

(1) 観察結果をもとに班で話し合わせる

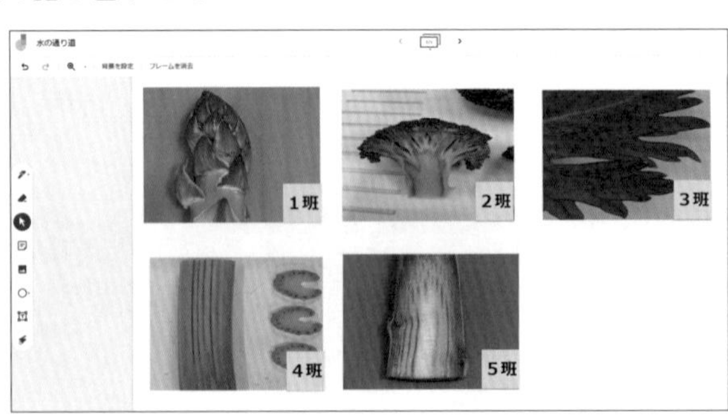

画像が共有できるアプリを使って、各班で撮影した写真を見比べることができるようにする。(ここではGoogle Jamboardを使用している。ロイロノート、ミライシード等、他のアプリでも同様の活用が可能である)

写真を見比べて、どの植物にも共通していることを見つけます。

各班で共通する特徴を話し合って考えさせ、Googleスプレッドシートに書き込ませる。

	A	B
1	グループ	共通している特ちょう
2	1	くきまで赤くそまっている。
3	2	くきや葉のすじは下から上までつながっている。
4	3	水の通り道がある。
5	4	植物のからだ全体が赤い液でそまっている。
6	5	葉のはしまで赤い。

他の班の意見を参考に修正させると、考えを深めることができる。

⑵ 話し合いを参考に考察させる

観察から、植物のからだの水の通り道について考察します。

「植物を観察した結果〜だったので、植物のからだの水の通り道は〜といえる」といった、考察の書き方の例を示して書かせる。

・どの茎にも縦に赤いすじが見られたので、植物のからだには、下から上に水の通り道が通っているといえる。

・どの植物も、茎から葉の先まで赤いすじがあったので、根から取り入れた水は葉の先まで届けられるといえる。

・茎や葉には、赤いところと赤くなっていないところがあったので、水が通るところは決まっているといえる。

⑶ 本時のまとめをする

考察から取り出したキーワードを使ってまとめを書かせる。

「植物の根、茎、葉には、根から取り入れられた水の通る決まった通り道がある。水は、この通り道を通って、植物のからだ全体に運ばれる」

（岡本　純）

6年❻ 生物と環境（5時間）

①食べ物のもとをたどって生き物のつながりを調べる

様々な場面について端末で作業し食物連鎖に気付かせる

第1次　食べ物を通した生き物の関わり（3時間）本時1・3時間目
第2次　生き物と空気との関わり（1時間）
第3次　生き物と水との関わり（1時間）

❶ 食べ物の材料の元をたどる（1時間目）

⑴ 教科書の絵や写真を使った作業

「食べ物を通した生き物の関わり」の学習は、食べ物の元をたどることから始める。

教科書では、カレーライスの材料の例が載っている。学習者端末で作業しながら学習を進められるよう、教科書の絵や写真を使って、右ページのようなワークシートを作った（MetaMoji ClassRoomを使用。他のアプリでも可能）。

教科書の絵や写真を加工して、上半分は固定し、下半分は、自由に動かして位置を変えることができるように作った。

私たちの食べ物はどのような物からできているのか、食べ物の元をたどります。

ワークシートの上半分を見ましょう。カレーライスの材料が矢印でつながれています。何がありますか。（米、野菜、肉）

米、野菜、肉は、さらに元になる物があります。下の写真を動かして、矢印でつなぎましょう。

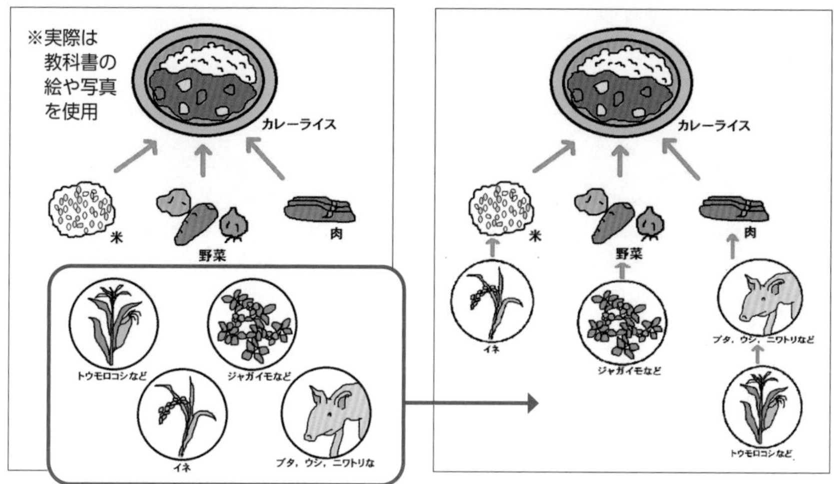

作業をさせると、家畜の食べ物が「トウモロコシなど」であることを知らないために、児童が戸惑う様子が見られる。

そこで、学習者端末を使ってインターネット検索で家畜の食べ物を調べさせる。

わかりやすいサイトを見つけた児童の画面を共有して、家畜はトウモロコシを中心とした飼料を食べていることを確認する。

⑵ 給食の献立表を使った作業

カレーライスを参考に、給食の献立の材料の元をたどる作業をさせる。

昨日の給食で食べた「ツナサラダ」の材料の元をたどります。新しいシートに、「ツナサラダ」と文字を入れましょう。

献立表に材料があります。その材料を文字で入れて、矢印でつなぎます。

さらに、元になる材料があれば、文字を入れて矢印でつないでいきましょう。

もし、元になる材料がわからなければ、インターネットで調べます。

魚を使ったメニューを選ぶと、水の中の生き物のつながりをたどることができる。

作業に個人差が出るので、早く作業が終わった児童には、材料のイラストを描かせたり絵や写真を貼らせたりする。

児童が作業したシートは、画面共有して説明させる。

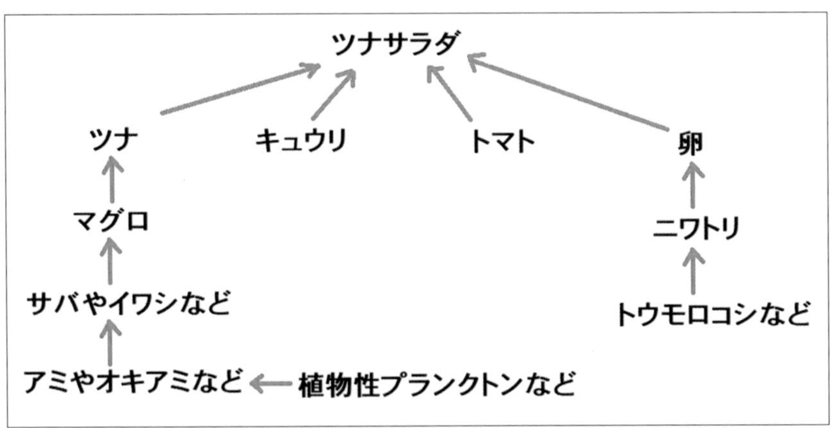

❷ 自然の中の食物連鎖について学ぶ（３時間目）

⑴ 教科書の絵や写真を使った作業

２時間目に水の中の小さな生き物の観察等を行った後、３時間目に自然の中で生き物はどのように関わり合っているかを学習する。

教科書には、自然の中の生き物の絵や写真があり、児童がそれぞれにつながりを考えるページがある。これを、学習者端末で作業できるような

ワークシートにした。

教科書をスキャンした画像を使って、「食べる」「食べられる」の関係を考えて矢印を書き込ませた。教科書に書き込ませると、やり直したいときに、うまく消すことができない。学習者端末なら、簡単に書き直すことができるので、試行錯誤させることができる。

作業ができたら、画面を共有して意見交換を行う。友だちと自分の画面を比べて、違っているところについて検討し、修正させる。

最後に、「食べる」「食べられる」の関係を「食物連鎖」ということを説明する。

(2) 自然の中の食物連鎖について考える

前時の食物連鎖の関係は、他の場所や海の中にもあることを教科書の図や写真で確認する。そして、次のように問う。

ある土地では、肉食の動物であるチーターが、草食の動物であるトムソンガゼルを食べ、トムソンガゼルが植物を食べるという関係があります。

トムソンガゼルを食べてしまうチーターをこの場所から追い払ってしまったら、トムソンガゼルの数はどうなると思いますか。

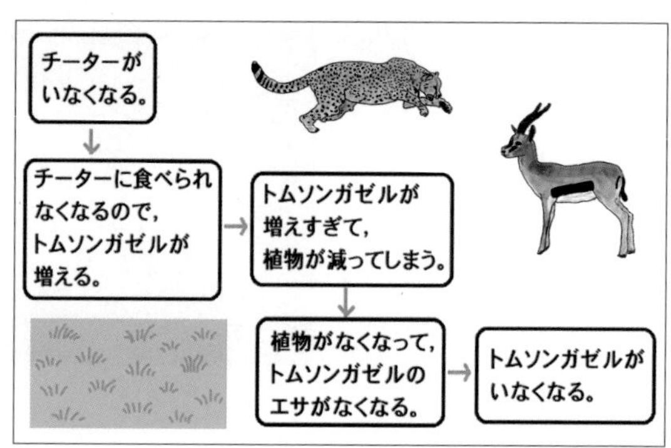

「チーターがいなくなる」から始まってどうなっていくかを考え、学習者端末で作業させる。絵や言葉など自分のやりたい方法で表現させる。

できたら、画面を共有して意見交換させる。友だちの意見を参考に、書き込ませて仕上げさせる。

（上木朋子）

①火山の活動や地震による地形の変化

Google Earthを使って大地の働きによる地形の変化に気づかせる

第1次　大地のつくり（6時間）
第2次　地層のでき方（4時間）
第3次　火山や地震と大地の変化（6時間）本時1・2時間目

❶ Google Earthで様々な地形を観察する

(1) Google Earthを起動させる

以下の手順で、Google Earthを起動させる。

① ブラウザ（Google Chrome、Microsoft Edgeなど）を開く。
②「Google Earth」と検索する。
③ Google Earthのサイトにアクセスし、「Earthを起動」クリックする。
④ Google Earthが起動し、右図のような画面が出てくる。

(2) Google Earthの使用に慣れさせる

Google Earthで地形を様々な角度から観察するために、検索機能と3D表

示機能を使用する。

「検索機能」

① 画面左にある、虫眼鏡マーク（ ）をクリックする。

② 左上の検索スペースに検索したい場所を入力する。

「３Ｄ表示機能」

① 画面右下にある、方位磁針マーク（ ）をダブルクリックする。

② 方位磁針マークを上下にドラッグすると、斜め上や横から地形を見ることができる。

「方向を変更する」

① 円を描くように方位磁針マークの周りをドラッグすると、方角を変更することができる。

② 方位磁針マークをクリックすると、北が上になるように表示される。

上記の機能の使用に慣れさせるために、以下のように指示を出す。

学校を検索して、様々な角度から見てごらんなさい。

学校周辺の山や川などの地形も含めて、様々な角度から観察させて、操作に慣れさせるとよい。

(3) Google Earthで火山によってできた地形を観察する

教科書には、北海道の有珠山、長崎県の普賢岳、長野県の御嶽山の写真が載っている。

これらを、Google Earthの３Ｄ表示機能で立体的に観察させる。

教科書に載っている火山をGoogle Earthで検索して観察します。

様々な角度から見て、気づいたことや疑問に思ったことなどをノートに書きましょう。

・噴火した時の穴がある。
・山が崩れたようになっているところがある。
・木が生えていないところは火山灰が積もっているのかな。
・近くに湖があるのは、火山に関係があるのかな。

見て気づいたことだけでなく、疑問に思ったことを書かせると、次の活動に生かすことができる。

❷ Google Earthのタイムラプス機能で大地の変化を見る

(1) タイムラプス機能の使い方

タイムラプス機能で、1984年から現在までの変化が動画で見られる。

① 画面左にある をクリックする。
②「レイヤ」をクリックする。
③ Google Earthのタイムラプスをクリックする。
④ 右側の「地球を検索」のスペースに、時間変化を見せたい場所の名前を入力する。
⑤ 1984年から繰り返し動画が再生されるので、再生・一時停止ボタンで止めながら見るとわかりやすい。年のバーを左右にドラッグをすれば見たい年に合わせることができる。

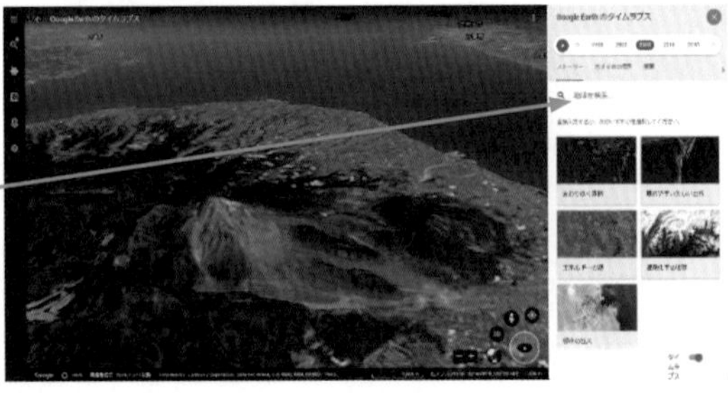

⑥「おすすめの場所」（赤丸）に「自然災害」がある。北海道厚真町の地震による土砂災害など地震や火山の災害の様子を見ることができる。

⑵ 児童に動画を見せて、土地の変化に気づかせる

火山によって、土地の様子がどのように変化したのかを調べます。
タイムラプス機能で、噴火する前と後の様子を見比べて、気づいたことをノートに書きましょう。

日本で1984年以降に噴火した火山では、2000年に噴火した北海道有珠山・東京都三宅島、2011年噴火の鹿児島県新燃岳がわかりやすい。

「おすすめの場所」の「自然災害」にある、フィリピンのピナツボ山（1991年噴火）も変化の様子がよくわかる。

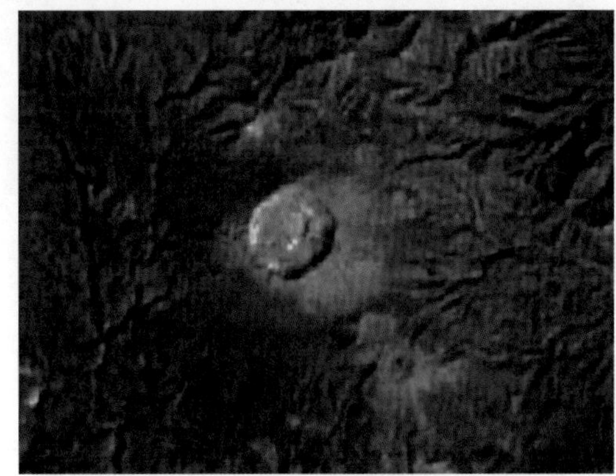

2010年　新燃岳

変化を見つけられない児童には、何年に噴火したのかを教えるとよい。

方位磁針マークを使って、様々な角度や方角から観察させて、大地の変化の様子を見つけさせる。

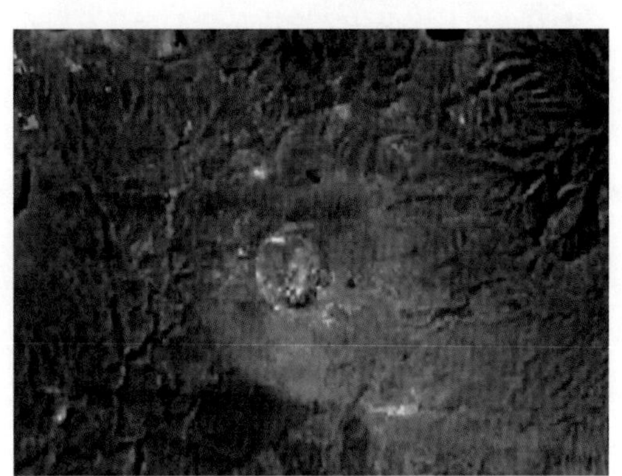

2011年　新燃岳

・噴火した穴の大きさや形が変わっている。
・土砂が流れて広がっているように見える。
・火山灰が積もって、土地の色や高さなど様子が変わっている。

Google Earthの画面を使って気づいたことを発表させ、火山による土地の変化の様子を共有させる。

（中村圭吾）

①月の見え方と太陽と月の位置関係について調べる

観察とモデル実験、関係図を比較して考察させる

第1次　月や太陽の表面の様子（1時間）
第2次　月の観察（2時間）
第3次　月の形が変わる理由（3時間）本時3時間目

❶ 月の観察は夕方撮影させて提出させる

教科書では、学校で夕方見える半月を観察することになっている。ここからだんだんと月が満ちていくことを捉えさせるためには毎日の観察が欠かせないが、満月に近づくにつれて学校にいる間に月が見られなくなっていく。そこで、学習者端末を持ち帰らせて、月を撮影して提出させる。

みんなが学校にいる間に月が見られなくなりました。家に帰って月が見えたら、撮影して、方角を書き込んで提出しなさい。

図1はロイロノートで提出させたものの一部。見た時刻と、方角を写真に書き込ませた。1週間程度つづけることで、日々月が満ちていくこと、見える時間がどんどん変わっていくことに気づかせることができる。観察記録を提出させることで、観察がどうしてもできなかった児童も他の子の画像を見ることができる。児童によっては撮影できない場合もある。そのときは「○時に観察したけど見えませんでした」と送らせた。

図1　提出された写真の一例

❷ 月の形が変わる理由を実験で確かめる

(1) 三日月と半月、満月が日没直後にどの方角に見られたか

学習者端末に図2を送信。この時期の日没直後夕方6時ごろ。太陽は西にあることを確認し、月はどの方角にあったのかを絵で書き込ませる。三日月、半月、満月は以下のようになる。

図2

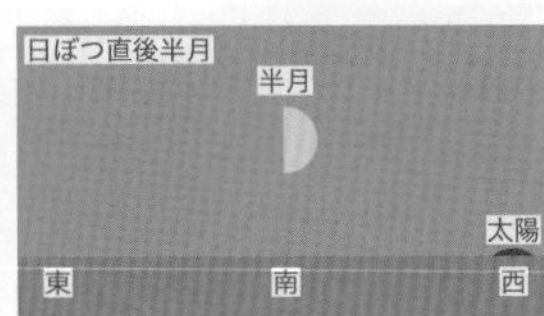

提出させて他の児童の考えを見せる。そこで「輝いているのは太陽の側」であることと「太陽から離れて見えるほど、月が満ちていくこと」を確認する。

(2) 観察をもとに月の見え方を実験で再現する

月は地球の周りをぐるぐると回っています。みんなの目から三日月に見えるのは、月がどの位置にあるときでしょうか。

教室を暗幕で真っ暗にし、教室中央に光源の電球を用意する。

どういう時に半月や満月になるのか実験で確かめます。半月や満月になる時を見つけたら、写真を撮影しなさい。

図3

35mm程度の発泡スチロール球に竹串を刺したものを１人に１つ用意する。２人組で実験し、三日月や満月に見えたら、図３のように写真を撮らせる。

実験後、月と太陽の位置関係について話し合い、次のようにまとめる。

半月の時は、自分（地球）から見て、太陽と月の位置が90度
満月の時は、自分（地球）から見て、太陽と月は直線上で180度

⑶ 宇宙視点で太陽と月の位置関係と月の形について考える

教科書の図（図４）を全員の学習者端末に送信する。

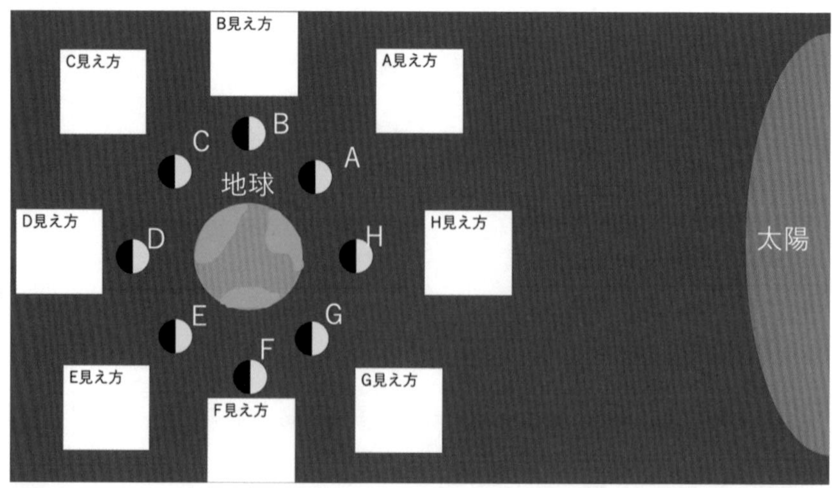

図4

月は図のように約１ヶ月かけて地球の周りを回っています。Ａの位置にある月は地上から、どんな形に見えるか実験で確かめます。

２人１組で行う。１人は図５のように上から学習者端末を構え、もう１人は光源に対して図４のＡの位置に発泡スチロール球を構える。

この場合、三日月の形に見えることを確認し、図４の「Ａ見え方」に、三日月を書き込ませる。

Ｂ～Ｈの見え方も、同様に調べさせる。図６はＢの見え方を確かめているところである。

交代で体験をさせ、月の位置と形の変化を理解させる。

単元の最後に、これまでに撮った月の写真やモデル実験で撮影した写真、作業したワークシートをスライドで繋げさせる。

実際に観察した月とモデル実験の月を関係づけさせる（図７）。

図５

図６　端末で撮影した様子

図７　観察した月とモデル実験をつなげる

（蔭西　孝）

◎**執筆者一覧**

上木朋子　福井県越前市小学校
上田浩人　北海道浦河高等学校
岡本　純　岡山県総社市小学校
奥田嚴文　山口県周防大島町小学校
蔭西　孝　大阪府貝塚市小学校
才野早苗　岡山県井原市小学校
塩谷直大　北海道北見市小学校
関澤陽子　群馬県館林市小学校
千葉雄二　東京都小平市小学校
中村圭吾　大阪府立吹田東高等学校
松浪由起　愛知淑徳中学校高等学校
家根内興一　大阪狭山市小学校
山内英嗣　愛知県豊田市小学校

★注記　・執筆者が使用している教科書にあわせて書いてあります。
そのため同一単元でも時数や単元構成が異なる場合もあります。
・紹介しているwebサイトは、執筆時点のものです。

[監修者紹介]

小森栄治（こもり・えいじ）

1956年埼玉生まれ。1980年東京大学工学系大学院工学系研究科・修士課程修了。
1987年上越教育大学大学院教育研究科・修士課程修了（埼玉県長期派遣研修）。
28年間埼玉県内の公立中学校に勤務し、「理科は感動だ」をモットーにユニークな理科室経営と理科授業を行った。文部科学省、県立教育センター、民間教育研究団体などの委員、講師をつとめる。
2008年理科教育コンサルタント業を開始。理科好きの子どもたちや先生を育てる活動をしている。
主な著書に『「理科は感動だ！」～子どもたちを理科好きに』/『「理科は感動だ！」～子どもが熱中する理科授業づくり』以上明治図書/『子どもが理科に夢中になる授業』/『簡単・きれい・感動!! 10歳までのかがくあそび』以上学芸みらい社 等がある。

[編著者紹介]

上木朋子（うえき・ともこ）

福井大学教育学部卒。
『「理科」授業の新法則３・４年性編』、『「理科」授業の腕が上がる新法則』執筆。
『教育トークライン』にて理科関連執筆、他多数。

学習者端末　活用事例付
理科教科書のわかる教え方　5・6年

2022年12月15日　初版発行

監修者　小森栄治
編著者　上木朋子
発行者　小島直人
発行所　株式会社学芸みらい社
〒162-0833　東京都新宿区箪笥町31番　箪笥町SKビル3F
電話番号 03-5227-1266
https://www.gakugeimirai.jp/
E-mail : info@gakugeimirai.jp
印刷所・製本所　藤原印刷株式会社
企　画　樋口雅子
校　正　菅　洋子
装丁・本文組版　小沼孝至

ISBN978-4-86757-015-9 C3037